BRÁS CUBAS EM TRÊS VERSÕES

ALFREDO BOSI

BRÁS CUBAS EM TRÊS VERSÕES

Estudos Machadianos

COMPANHIA DAS LETRAS

Copyright © 2006 by Alfredo Bosi

Capa:
Ettore Bottini
sobre Bruma (*1976*), *têmpera s/ tela de Arcangelo Ianelli.*
1,80 × 1,30 m. Coleção particular. Reprodução Rômulo Fialdini.

Preparação:
Isabel Jorge Cury

Revisão:
Cláudia Cantarin
Otacílio Nunes

Dados Internacionais de Catalogação na Publicação (CIP)
(Câmara Brasileira do Livro, SP, Brasil)

Bosi, Alfredo
 Brás Cubas em três versões : estudos machadianos / Alfredo Bosi. — São Paulo : Companhia das Letras, 2006.

 ISBN 85-359-0856-0

 1. Assis, Machado de, 1839-1908 - Crítica e interpretação 2. Crítica literária I. Título.

06-4146   CDD-869.98

Índice para catálogo sistemático:
1. Escritores brasileiros : Apreciação e crítica : Literatura brasileira   869.98

2006

Todos os direitos desta edição reservados à
EDITORA SCHWARCZ LTDA.
Rua Bandeira Paulista, 702, cj. 32
04532-002 — São Paulo — SP
Telefone: (11) 3707-3500
Fax: (11) 3707-3501
www.companhiadasletras.com.br

SUMÁRIO

Brás Cubas em três versões.......................... 7

O teatro político nas crônicas de Machado de Assis 53

Raymundo Faoro leitor de Machado 104

BRÁS CUBAS
EM TRÊS VERSÕES

> *Nos sens n'aperçoivent rien d'extrême. Trop de bruit nous assourdit, trop de lumière nous éblouit; trop de distance et trop de proximité empêchent la vue.*
>
> Pascal

Com a criação de Brás Cubas, Machado de Assis passou a lidar com o foco narrativo de primeira pessoa. O estilo de memorialista poderia ser interpretado como um procedimento retórico escolhido para conferir verossimilhança ao relato, supondo-se que o narrador, ao assumir-se como sujeito do enunciado, seja a testemunha mais idônea para contar a sua própria história. Em princípio, o *eu* fala só do que viu e do que sabe ou lhe parece e, nesse sentido, a sua percepção seria mais realista que a do narrador onisciente que afeta conhecer tudo o que se passa fora e dentro das personagens.

Na construção de Brás Cubas, porém, essa conquista de certo grau de verossimilhança é bifocal, pois mira dois horizontes diferentes. De um lado, fala o narrador que atesta, a cada lance, a sua presença física aos acontecimentos em que esteve envolvido, e cuja interpretação é confiada ao seu olhar sem a presunção da certeza universal suposta no historiador em terceira pessoa. De outro lado, Machado engendrou a ficção do *defunto autor*, um expediente aparentemente irrealista escolhido para facultar a exibição — até o limite do descaramento — dos sentimentos todos de um *ego* que a condição *post-mortem* permitiria desnudar. Junto ao verossímil da testemunha ocular haveria um lance de inverossimilhança? Na verdade, um falso inverossímil, porque se faz autoanálise joco-séria. É a verdade do humor que, sob as aparências da morte, é vida pensada. As conseqüências desse duplo jogo de presença e distanciamento do *eu* são tangíveis a cada passo e acabaram definindo a dicção singular das *Memórias póstumas de Brás Cubas*.

Reiteração do *eu vivo* feita em regime de distância pelo *eu defunto*. Testemunho do passado e ponto de vista do homem já "desafrontado da brevidade do século" pedem interpretação que dê conta das razões do procedimento. O propósito deste ensaio é reconsiderar pelo menos três versões dadas a este bizarro narrador.

Relembrar o enredo é sempre um bom começo. Brás conta a sua história trivial de menino mimado de uma família abastada e conservadora com fumos de aristocracia — um Cubas! O caráter estragado desde a infância e a adolescência, os estudos de Direito feitos à matroca em Coimbra, as viagens de recreio pela velha Europa, as aventuras eróticas precoces, uma paixão adulterina tecida de exaltações, tédios e saciedade, a sede de nomeada, que vai do projeto malogrado de inventar um emplasto anti-hipocondríaco à conquista de uma cadeira de deputado, enfim a solidão da velhice... uma trajetória movimentada mas banal enquanto típica de um certo segmento da burguesia no lapso da história do Brasil que cobre o primeiro e parte do segundo reinado.

Um arco longo da história nacional está indiretamente evocado nesse itinerário. O discurso representativo em si, peculiar ao texto documental, não é manifestamente a mira daquelas páginas. O que marca a singularidade das *Memórias póstumas*, o seu salto qualitativo, é o modo pelo qual a presença do narrador junto aos fatos dobra-se em autoconsciência.

A análise psicológica e moral é favorecida pela distância que medeia entre o testemunho direto e o gesto reflexivo potenciado pelo expediente do defunto autor. "Na vida, o olhar da opinião, o contraste de interesses, a luta das cobiças obrigam a gente a calar os trapos velhos, a disfarçar os rasgões e os remendos, a não estender ao mundo as revelações que faz à consciência. [...] Mas na morte, que diferença! Que desabafo! Que liberdade!" O narrador concebe a paisagem social do seu tempo de uma forma que adensa o regime testemunhal: ele surpreende-se a si próprio como ator e espectador no processo das relações de força entre os sujeitos. Não há neste Machado maduro um espelho do mundo dissociado do olhar pensativo, como não há desenho de um quadro sem a projeção de alguma perspectiva. Essa constatação remete ao problema crucial do narrador machadiano, que se vale de um tipo socialmente localizado e datado sem deixar de descer à análise mais geral dos motivos do "eu detestável". Opor Machado brasileiro e Machado universal é separar arbitrariamente o quadro e a perspectiva, a imagem especular e a autoconsciência. Os extremos costumam ser fáceis de explorar: ou o Machado cronista da sociedade fluminense, curioso dos *faits divers* do jornal, comentador galhofeiro de notícias do jogo político circunstancial; ou o Machado explorador dos abismos da vacuidade humana. Cada posição-limite, ao descartar o seu oposto complementar, emperra o discurso da compreensão e alimenta polêmicas equivocadas.

O OUTRO FORA E DENTRO DO EU

A leitura de alguns episódios das *Memórias póstumas* oferece pistas para contemplar os dois lugares do *eu* narrativo: a plataforma da qual decolou e o horizonte para o qual dirige a sua mente. Em outras palavras: a matéria lembrada e a sua interpretação.

O capítulo "Coxa de nascença" e os três que o seguem, "Bem-aventurados os que não descem", "A uma alma sensível" e "O caminho de Damasco", relatam um encontro em que vem ao primeiro plano a dura realidade de uma assimetria social e natural. Brás, rico e saudável, topa com Eugênia, filha bastarda de um antigo comensal dos Cubas, e coxa de nascença. Junto com a diferença de classe, o estigma no corpo. Eugênia mancava ao passo que Brás esplendia em juventude, todo garbo e presunção.

O esperado acontece. Eugênia apaixona-se pelo rapaz e dá-lhe o seu primeiro beijo de adolescente tímida mas confiante. As duas marcas da assimetria, pobre e coxa, vão pesar, indefectíveis, provocando o fecho abrupto desse encontro sem amanhã. Brás pondera seus "riscos" e comunica a Eugênia a sua partida iminente, fazendo-o por meio de palavrinhas doces mas frias, de cuja hipocrisia ele tem plena consciência. Personagem e autoanalista, Brás consegue ao mesmo tempo mostrar-se qual foi e qual se vê e foi visto: leviano, satisfeito da sua superioridade e tentado a desfrutá-la, intimamente desprezador da mocinha bonita mas filha espúria e agravada por um defeito físico. No momento de lembrar o episódio, porém, a consciência lúcida do defunto autor desvela o sentido cruel dos seus atos e os julga com um critério de humanidade que o rapaz fútil e preconceituoso não quisera assumir:

"Pobre Eugênia! Se tu soubesses que idéias me vagavam pela mente fora naquela ocasião! Tu, trêmula de comoção, com os braços nos meus ombros, a contemplar em mim o teu bem-vindo esposo, e eu com os olhos de 1814, na moita, no Vilaça, e a suspeitar que não poderias mentir ao teu sangue, à tua origem..."

Brás reporta-se a uma passagem da infância em que surpreendera o dr. Vilaça a namorar às escondidas dona Eusébia: desses encontros nascera Eugênia, a flor da moita.

O trecho não se esgota no contraste social e existencial entre Brás e Eugênia. O eu que narra o acontecido não está só. Presume que terá algum leitor ou leitora e pressente que esse outro, dotado de "alma sensível", poderá censurá-lo pelo seu cinismo — palavra forte, mas dita com todas as letras. É deste *outro* imaginado e virtual que vem o juízo ético, mas é o eu narrador que o desentranha e o invoca e obriga-se a escutá-lo e a transmitir-nos a sua voz. Brás compõe um diálogo com a alma sensível do leitor que o exproba. E o mesmo Brás, que dera lugar à consciência universalizante respeitosa do outro, entra a defender-se, atenua a culpa e alega que, afinal, não tinha sido cínico: simplesmente, fora homem. "Eu fui homem." O que dá ocasião ao defunto autor de descrever a condição contraditória da sua alma: mistura de bem e mal, "barafunda de coisas e pessoas", enfim o *pandemonium* que é ser homem. A passagem é exemplar como salto universalizante, agora já não mais em termos de ética do respeito, mas em regime de justificação psicológica, que se quer realista. A regra moral induzida *a partir do outro* não coincide com a interpretação do passado *a partir do eu*. *O interesse torce o conhecimento*. A constatação vem de longe, está em Pascal e nos moralistas seis-setecentistas lidos e amados pelo criador de Brás Cubas.

O processo das relações entre o *eu* e o outro (o qual está fora e está dentro do *eu*) não se limita à tensão entre o narrador e a alma sensível do leitor. Há Eugênia em carne e osso diante de Brás. Como a mocinha cândida e apaixonada vai comportar-se ao perceber com seus "olhos tão lúcidos" que Brás mente, que Brás jamais a desposaria? "Uma mulher coxa!" — era o pensamento dele, que ela cedo adivinhou. Tal como ocorre com personagens femininas que já encontramos nos romances da primeira fase (Helena e Estela) e em *Casa velha* (Lalau), Eugênia responde com altivez ao ferrete da discriminação, "ereta, fria e muda", digna em sua compostura antes do encontro amoroso e, com mais razões, na hora crua do desengano. Eugênia é o outro irredutível à pura tipicidade com que Brás, enquanto mero tipo, a olhara e a rebaixara.

Machado sabia lidar com o mesmo e o diferente, o tipo e a pessoa. O fato é que já nos seus primeiros romances nem sempre a consciência da assimetria social gerava comportamentos assemelhados. Helena será o oposto de Guiomar. Estela não concorrerá astutamente com Iaiá Garcia na luta pela conquista do homem rico e desejado. Helena, Estela e Lalau mal toleram e afinal rejeitam a humilhação do favor, ao passo que Guiomar e Iaiá driblam e vencem ambiciosamente os mecanismos do mesmo favor. São as reações diversas ao destino social que tornam viva e concreta a galeria dos caracteres femininos concebidos pelo romancista. Há boas razões para supor que o Machado da primeira fase tenha sido ambivalente em relação ao paternalismo, regime protetor mas humilhante, pois requer dos dependentes uma alta dose de esperteza e hipocrisia. Quanto aos dignos, viverão à margem ou perecerão.

Fixemos ainda uma vez a atenção neste outro, Eugênia, como figura introjetada na consciência de Brás. Imagem do desejo que o preconceito impediu que se transformasse em amor, Eugênia provoca, pela mediação inesperada do leitor de alma sensível, a autoanálise defensiva de Brás. A voz do superego assim mascarado censurou-o chamando-o cínico; logo, o eu de Brás precisou excogitar um argumento racionalizador que o justificasse; no caso, foi a alegação do caráter genericamente humano da sua conduta. No plano retórico, a racionalização funciona valendo-se também da velha praxe de alinhar os contrastes fatais de que seria feito o cérebro humano, agora comparado a um tablado, "em que se deram peças de todo gênero, o drama sacro e austero, o piegas, a comédia louçã, a desgrenhada farsa, os autos, as bufonerias, um pandemonium, alma sensível, uma barafunda de coisas e pessoas...". O ato foi narrado, a culpa é apontada com veemência pelo interlocutor virtual, mas depois é atenuada pelo discurso universalizante: "E eu fui homem". Mas o que é "ser homem" para o defunto autor? Uma mistura incongruente — um pandemônio?

Sem dúvida, foi bem mais fácil para Brás tentar convencer o leitor hipotético do que enfrentar o olhar reto de Eugênia. Para tanto, em vez de recorrer ao expediente de borboletear com imagens e citações escapando ao desafio da consciência reflexiva, Brás teve de arremedar a linguagem retórica da tragédia para dar conta dos sentimentos contraditórios que por breves momentos lhe inspirou a moça apaixonada, mas coxa: a piedade e o terror. Glosando os Atos dos Apóstolos na passagem da conversão de Saulo a caminho de Damasco, Brás diz ter ouvido uma voz misteriosa que saía de si mesmo, e cuja origem era dupla, "a piedade, que me desarmava ante a candura da pequena, e o terror de vir a amar deveras, e desposá-la. Uma mulher coxa!". O terror, que no caso melhor se chamaria covardia, logo venceu a piedade, como seria de prever em um caráter como o de Brás, tangido pelo princípio do prazer e pela correlata aversão a praticar qualquer sacrifício que a consciência lhe pudesse exigir.

Ainda uma vez, essa entrega previsível do sujeito à pura autoconservação (aquele cinismo de que o acusara a alma sensível do leitor) precisa afivelar provisoriamente a máscara do arrependimento. Brás profere juras de amor invocando todos os santos do céu para atenuar a decisão da partida, "tudo hipérboles frias que ela escutou sem dizer nada". Hipocrisia de ator (é o sentido do grego *hypokritikés*) que se sabe pífio e cuja retórica da exageração congela em vez de aquecer o interlocutor. A máscara faz-se, porém, necessária na medida em que permite ainda estirar um último fiapo de diálogo:

— Acredita-me? — perguntei eu, no fim.
— Não, e digo-lhe que faz bem.

Por um átimo inverte-se, no plano moral, a situação de assimetria. O olhar que Eugênia lança a Brás "não foi já de súplica, senão de império". Império de flor da moita, bastarda, pobre e coxa de nascença? Na economia implacável do romance o olhar imperioso de Eugênia não a pouparia do destino de acabar os seus dias em um cortiço, onde Brás irá reencontrá-la encarando-o sempre com a mesma seca dignidade. De todo modo, aquele olhar imperioso não mudaria a vida do jovem Brás, que desceria da Tijuca na manhã seguinte, "um pouco amargurado, outro pouco satisfeito".

Qual é o papel do episódio na teia de significações das *Memórias*? Parece-me que um dos seus alvos é o de configurar de modo bivalente o *eu* do narrador, fazendo-o capaz não só de praticar vilezas, como desfrutador que foi desde a infância, mas de sobrepensá-las e dizê-las promovendo o seu julgamento pelo outro, aquele leitor virtual que penetra como uma cunha na sua consciência. Ao desencadear esse processo, o narrador póstumo não se engana nem se propõe enganar-nos. *Ao contrário do embusteiro, ele deixa-se ver.* A transparência, flagrada no relance do olhar honesto do outro, não converterá o nosso Brás; mas revela a natureza do seu caráter, que é frívolo na descontinuidade dos seus pensamentos, é constante até a morte na prática do egoísmo indefectível, mas é capaz de abrir frestas de luz no subsolo da sua consciência — a luz crua do moralismo pessimista ou apenas cético, limite ideológico do defunto autor.

Na justificativa que o narrador arquiteta para responder ao leitor sensível, vê-se que ele adota o recurso do termo universal — homem —, qualificando-se a si mesmo como ser confuso e, mais do que confuso, contraditório. O problema hermenêutico está em aferir o grau de adesão ou de rejeição do autor ao seu próprio discurso existencial. Se a interpretação pender resolutamente para o lado da sátira tipológica, a resposta será unívoca: o autor denuncia a racionalização que o tipo social faz da própria conduta quando a investe com o atributo geral de humano. A leitura alternativa, igualmente plausível, é a admissão, por parte do autor, da vigência de sentimentos contraditórios em todos os homens (isto é, em cada homem), com a predominância dos impulsos egóticos distribuídos por todas as classes. Ambas as hipóteses ganham em ser relativizadas mutuamente. A primeira, sociológica, concederá à segunda a evidência empírica do altíssimo grau de generalização dos comportamentos centrados na autoconservação que marcaram a história do gênero humano desde tempos remotos. A segunda, por sua vez, concederá à leitura tipológica o fato inegável de que, nas situações de assimetria social, o egoísmo vencedor costuma estar do lado do rico e do poderoso. O autor das *Memórias póstumas* se compraz nesse jogo relativizador, boca que morde e sopra, ora acusando em chave de sátira local, ora interpretando no registro de uma psicologia "realista" universalizada; em outras palavras, ora objetivando sarcasticamente o narrador-protagonista Brás Cubas, ora identificando-se com este em uma simbiose de crítica e autocrítica às vezes implacável, às vezes concessiva e condescendente. A dura acusação se atenua, o autor afinal parece tudo compreender e a tudo resignar-se, como o fará no seu último romance o Conselheiro Aires com a sua arte diplomática de *descobrir e encobrir* exposta em memórias quase póstumas. A autoanálise desencantada desloca então o discurso satírico para o universo complexo do humor.

O episódio da flor da moita não é o único passo em que o intérprete se vê diante da mesma encruzilhada: ou sátira sem perdão nem complacência, ou enésima constatação do "barro humano". A primeira estrada, se percorrida sem desvios, leva necessariamente à pergunta pela ideologia de Machado de Assis. Progressismo democrático assumido *versus* conformismo liberal-burguês? Futuro *versus* passado? Responder afirmativamente à questão significa creditar a Machado maduro uma inabalável coerência ideológica, uma fé reiterada nos ideais das Luzes e, por extensão, da modernidade. Na esteira dessa ideologia, a alma sensível do leitor virtual reprova o cinismo de Brás, a figura de Eugênia revela a hipocrisia do rapaz, e a passagem assumiria, no seu todo, o significado preciso de uma denúncia. Admissível pontualmente, essa leitura é relativizada pelo contexto interno das *Memórias*. As evidências da atribuição dos comportamentos às forças cegas do egoísmo capaz de todas as vilanias e até mesmo de crueldades gratuitas não permitem que a primeira alternativa, tão simpática no seu *ethos* progressista, seja considerada absoluta, sem nenhuma dúvida ou reserva.

O realismo satírico de âmbito local é atravessado por um segundo e mais acerbo realismo que enforma o primeiro dando-lhe uma dimensão ainda mais desolada e desoladora. As reações de Brás ao acaso que irrompe no cotidiano levam água ao moinho de uma leitura cética da História, alterando o teor cortante de denúncia pontual que o critério ideológico *stricto sensu* tende a propiciar. O dilema do intérprete assume, às vezes, o estatuto de enigma: culpa individual de origem psicossocial ou força do destino, astúcia do "gênio da espécie"? Libelo ou dura constatação?

Eugênia aparecerá ainda uma vez no horizonte das reflexões do defunto autor. Este divaga sobre o grande prazer que é descalçar botas apertadas, "felicidade barata" que a vida nos concede ao pungir-nos com a fome só para dar-nos maior gozo na hora do alimento, e daí... o narrador póstumo revê "a aleijadinha perder-se no horizonte do pretérito". Brás vivo logo a arredara do coração, que "não tardaria também a descalçar as suas botas", mas Brás morto, isto é, *homem capaz de pensar o vivido*, não deixará de falar àquela imagem indelével: "Tu, minha Eugênia, é que não as descalçaste nunca; foste aí pela estrada da vida, manquejando da perna e do amor, triste como os enterros pobres, solitária, calada, laboriosa, até que vieste também para esta outra margem... O que eu não sei é se a tua existência era muito necessária ao século. Quem sabe? Talvez um comparsa de menos fizesse patear a tragédia humana". O leitor sai com o sentimento de que, em certas passagens, o mundo das idéias e valores do defunto autor não só conserva, pela memória, como supera, pela reflexão, o pequeno mundo do jovem Brás.

Nos capítulos da borboleta preta enxotada e morta, do almocreve e do embrulho misterioso achado na rua, a tônica recai no poder irracional do arbítrio, da mesquinharia ou da falta de escrúpulo.

Nos três casos prevalece uma conjunção negativa de acaso objetivo e arbítrio subjetivo: nos três, a condição prévia de Brás homem abastado não será determinante, causa das causas, mas coadjuvante. Irrompe nos três o eu detestável de pascaliana memória, opaco, alheio ou avesso ao outro, seja este um inseto, um trabalhador anônimo ou simplesmente um desconhecido sem rosto que perdeu um maço de notas. A rejeição desse outro é irritadiça no caso da borboleta, mesquinha no encontro com o almocreve, especiosa no achado do embrulho; mas em todos os episódios faz-se tanto mais cômoda para o sujeito quanto menos testemunhada pela presença de um olhar perspicaz como era o de Eugênia. É sentença de La Rochefoucauld: "Esquecemos facilmente nossas faltas quando só nós as conhecemos".

Topando em um embrulho na praia, Brás sente curiosidade de saber o que contém. Como primeiro cuidado, "relanceei os olhos em volta de mim, a praia estava deserta: ao longe uns meninos brincavam, — um pescador curava as redes ainda mais longe —, ninguém que pudesse ver a minha ação; inclinei-me, apanhei o embrulho e segui". *Ninguém que pudesse ver a minha ação*: a ênfase recai no receio de ser visto, o que já é pressentimento de ação culposa, ou assim considerada pelo outro, que, mesmo invisível, está à espreita e penetra o *eu* como potencial censura. Temendo que pudesse tratar-se de trote de moleques, sobreveio-lhe o impulso de jogar fora o embrulho, "mas apalpei-o e rejeitei a idéia". Pois o embrulho tinha certa consistência, prometia ser "alguma coisa"... Levando-o para casa, persistiu no recesso do seu gabinete o temor da pulha: embora não aparecesse ali "nenhuma testemunha externa", havia sempre o fantasma do garoto caçoísta que preparara talvez um engodo e poderia "assobiar, guinchar, grunhir, patear, apupar, cacarejar, fazer o diabo, se me visse abrir o embrulho e achar dentro uma dúzia de lenços velhos ou duas dúzias de goiabas podres". O gesto do outro é aqui teatralizado — platéia ausente mas presente zombando do logro projetado em um palco secreto mas imaginariamente público. Afinal, o embrulho foi aberto. Era dinheiro, nada menos que cinco contos de réis em boas notas e moedas. Chega a hora do jantar e os olhos dos moleques da casa pareciam falar uns com os outros como se tivessem surpreendido o sinhô contando dinheiro. Mas os receios eram infundados. Constatando que nada fora visto, Brás voltou ao escritório, examinou novamente o dinheiro, "e ri-me dos meus cuidados materiais a respeito de cinco contos — eu, que era abastado".

O episódio do embrulho não vem solto. O acaso já comparecera dias antes quando Brás achara uma moeda de meia dobra e a entregara ao chefe de polícia para que este descobrisse o legítimo dono. A ação lhe valera fartos elogios dos conhecidos e algum respiro da consciência, na ocasião um tantinho opressa pelo início do seu caso adulterino com Virgília. O fato é que a dobra fora logo devolvida, ato acompanhado de mil e um escrúpulos em torno do grande mal que é reter o bem alheio. Quanto aos cinco contos, porém, a consciência não o culpava de nada. Ao contrário, tê-los achado tinha sido, pensando bem, sorte grande e merecida, seguramente um benefício da Providência. E esperando dar-lhes algum destino um dia, talvez com alguma boa ação, Brás foi depositá-los no Banco do Brasil. Tudo se fez sem testemunhas.

A passagem da borboleta preta é mais breve. A borboleta pousara no retrato do pai de Brás. Foi primeiro enxotada, depois abatida com uma toalha por "um repelão dos nervos". A consciência do mal feito, da inútil brutalidade, logo se aplacou ponderando que, para a borboleta, seria melhor ter nascido azul. Solitário, o sujeito dribla e anestesia rapidamente o sentimento de culpa. A violência do arbítrio exerce-se na relação do homem com a natureza na medida em que esta é inerme.

A recompensa devida ao almocreve, que o salvara de um desastre fatal, foi minguando na mente de Brás, que a baixa de três moedas de ouro a um cruzado de prata, e mesmo esta simples pratinha pareceu-lhe uma demasia, inspirando remorsos ao moço rico. Nenhuma testemunha, de novo, a não ser os agradecimentos do almocreve, tão efusivos que reforçaram em Brás o sentimento desconfortável de que tinha sido pródigo na recompensa. A ingratidão é aqui estercada pela sovinice — "eu, que era abastado".

A história do embrulho é toda permeada de fantasmas dos olhares dos outros, receios esconjurados tão-só pela certeza de que eram vãos. A reflexão final merece comentário. Brás *riu de si mesmo*, pois, sendo endinheirado, não deveriam ter-lhe dado tantos cuidados aqueles cinco contos de réis. Perguntará o leitor: por acaso um rico não pode ser avaro? Pois há ricos avaros entre parentes e conhecidos de Brás, começando pelo Cotrim, o próspero cunhado. E há o velho Viegas, amigo da família, cuja herança é objeto da cobiça de Virgília, também ela abonada... De Brás sabe-se que é gastão consigo e dissipado com as amantes, de Marcela a Virgília. A mesquinharia ocorre na sua relação com o pobre ou o desconhecido, e o fato de o narrador pontuar incisivamente as obsessões sovinas que reconhece em si próprio dá o que pensar. O que temos? Um traço peculiar ao rentista desocupado? Parece que não precisamente. A avareza, enquanto potencia o egoísmo e leva a extremos o desassossego da auto-conservação, pode obcecar tanto operosos como desocupados; em se tratando de ricos, como é o caso de Brás, ela torna-se particularmente ridícula, objeto de *autoanálise humorística*: "E rime dos meus cuidados materiais a respeito de cinco contos — eu, que era abastado". A autoconsciência é a cunha que dialetiza o tipo, conservando-o e superando-o. O fato de a autoconsciência do ridículo exprimir-se na voz do protagonista *ainda vivo* reforça a hipótese de que o narrador se constitua dentro do autor, passado submetido ao presente, memória trabalhada pela consciência, uma das versões possíveis de Brás Cubas que me proponho examinar adiante.

O discurso confessional arrisca-se a expor, a todo momento, a labilidade moral do sujeito. Daí, a alternância ou mescla de auto-acusações e álibis de que se tecem os diálogos do memorialista Brás com o leitor virtual que está fora e dentro dele. Terei agido mal, é verdade, mas, afinal, o barro é a matéria-prima de todos os filhos de Adão. Leia-se neste último contexto o apelo que o narrador dirige ao leitor ao relembrar o adeus definitivo de Virgília. Brás declara que sentira alívio em vez de cair em grande desespero. Uma vez mais, o superego é solicitado a moderar as suas possíveis censuras e baixar o tom dos preceitos de moral: "Não se irrite o leitor com essa confissão". O fato é que um excelente almoço no Hotel Pharoux enterrara "magnificamente" o seu amor, aliás os seus amores — é o que o mesmo leitor saberá, "realidade pura", diz Brás, *versus* o "romanesco" dos que esperariam do protagonista a expressão de profundos sentimentos. De novo, temos realismo em dois níveis: o que diz a "realidade pura" dos atos e fatos em regime denotativo, e o que a interpreta e a conota para melhor julgá-la ou justificá-la.

No capítulo "Compromisso", a dualidade se faz patente. Brás (vivo) fala de um acordo ou compromisso entre a piedade e o egoísmo pelo qual a consciência abonava a sua decisão de ir ter com Virgília depois de uma cena de arrufo. *Mas o defunto autor corrige a interpretação autocomplacente do narrador*: "Agora, que isto escrevo, quer-me parecer que o compromisso era uma burla, que essa piedade era ainda uma forma de egoísmo, e que a resolução de ir consolar Virgília não passava de uma sugestão de meu próprio padecimento".

O autor narra as manhas de um tipo social, aquele Brás que ele foi, enquanto vivo; e em baixo contínuo profere o seu julgamento póstumo, pois quem fala é o Brás defunto que, agora, ele é. O conhecedor de si mesmo transforma-se em castigador de si mesmo — fórmula cara a Nietzsche que Augusto Meyer aplicou ao narrador machadiano.[1]

TRÊS DIMENSÕES DE BRÁS CUBAS

O defunto autor e seus paradoxos

Rememorando ações sem grandeza e armando as cabriolas de uma consciência mutável, Brás desenvolve uma tática narrativa que não tem precedentes na história do nosso romance. Máximas ora atrevidas, ora desenganadas, teorias extravagantes, anedotas à primeira vista sem ligação com o contexto, digressões de vário tipo, ziguezagues com quebras da ordem temporal e espacial, interlocuções freqüentes e às vezes petulantes com o leitor fazem parte de um estilo que lembra *A vida e as opiniões do Cavalheiro Tristram Shandy*, de Laurence Sterne, e a *Viagem à roda de meu quarto*, de Xavier de Maistre, obras alegadas no prólogo das *Memórias* como inspiração e modelo da sua "forma livre". A escrita "shandiana", como a chamou Sérgio Paulo Rouanet em penetrante ensaio,[2] seria a forma adequada ao pensamento de Brás, transpondo como nenhuma outra a sua condição liberadora de defunto autor.

Trata-se de uma abordagem intertextual explorada pelas análises do discurso narrativo que ocuparam a cena universitária no imediato pós-estruturalismo. O estudo seminal de Mikhail Bakhtin sobre a sátira menipéia, portadora da mescla dos gêneros, bem como a sua categoria de romance polifônico aplicada ao romance de Dostoievski calaram fundo nos leitores sensíveis ao teor paradoxal e ao modo joco-sério da dicção de Brás Cubas.[3]

Nessa perspectiva, as questões de composição e de linguagem primam sobre as hipóteses genéticas ou, mais rigorosamente, identificam-se com a intencionalidade do narrador, de tal modo que os caprichos da forma acabam fazendo um só corpo com as arbitrariedades da mente e os vaivéns da paixão. A forma, no caso, sobredetermina, em parte ou no todo, a mensagem da obra. Em um estudo pioneiro sobre as *Memórias póstumas*, José Guilherme Merquior atribuiu à tradição da sátira menipéia certos traços formais e psicológicos que estariam fundidos na composição da obra: mistura do sério e do cômico, liberdades em relação à verossimilhança, preferência por estados de espírito aberrantes e, fundamentalmente, o gosto de intercalar subgêneros que vão do fragmento puramente anedótico ao mais inesperado excurso digressivo.[4]

Procurando igualmente estabelecer uma linhagem literária de longa duração à qual se filiariam as *Memórias póstumas* e os romances da maturidade, Enylton de Sá Rego compôs uma tese rica de engenho e erudição, *O calundu e a panacéia. Machado de Assis, a sátira menipéia e a tradição luciânica*.[5] As afinidades com vários procedimentos encontrados nas obras satíricas de Luciano de Samósata (escritor do século II d.C., lido por Machado de Assis) fariam parte de uma vivaz tradição paródica da literatura ocidental, a sátira menipéia. Esse gênero misto se reconhece em Varrão (*Satyrarum Menippearum Libri*), em Sêneca (*Apocolocintose*), em Erasmo (*Elogio da loucura*), em Robert Burnton (*Anatomia da melancolia*) e, de modo exemplar, nos romances de Laurence Sterne.

No elenco bem nutrido das semelhanças, o autor destaca o vezo das citações enciclopédicas trabalhadas em registro paródico (uma espécie de erudição galhofeira peculiar a épocas saturadas de metalinguagem), o distanciamento irônico em relação às personagens e ao próprio narrador, o moralismo motejador e, no fundo, não moralizante e, em primeiro plano, a combinação dos gêneros sério e cômico.

O ensaio de Rouanet concentra-se nas múltiplas similaridades entre as *Memórias póstumas* e *Tristram Shandy*. As características comuns foram agrupadas pelo ensaísta em quatro tópicos: a presença enfática do narrador; a técnica da composição livre, que dá ao texto a sua fisionomia digressiva e fragmentária; o uso arbitrário do tempo e do espaço; a interpenetração de riso e melancolia.

Detenho-me no primeiro tópico, pois a presença enfática do narrador (ou a "hipertrofia da subjetividade") corresponde em boa parte à característica já definida por Augusto Meyer em termos de "perspectiva arbitrária" ou "capricho como regra de composição", e por Roberto Schwarz como "volubilidade". Mas, ao passo que estes últimos a atribuem a disposições existenciais do autor ou a um viés de classe social, Rouanet a compreende como traço narrativo estrutural de que a obra de Sterne teria sido o modelo reconhecido pelo próprio Machado:

"A narrativa de Shandy, sempre em primeira pessoa, é caracterizada por uma extrema volubilidade do narrador e por sua arrogância, às vezes direta, às vezes mascarada por uma aparente deferência.

Tristram Shandy é o protótipo de todos os narradores volúveis. Ele disserta sobre todas as coisas, não esquecendo abotoaduras e botões. É tão cheio de opiniões como seu pai, Walter, que tem idéias sobre a psicologia de Locke, sobre a influência dos nomes no destino dos indivíduos (por um triste equívoco, Tristram teria sido chamado Trismegistus), sobre o formato dos narizes e sobre educação (ele resolve escrever uma Tristapoedia para a educação de seu filho). É um *nouveau riche* da literatura mundial. Alardeia um conhecimento de todos os séculos e de todas as nações em uma exibição disparatada de erudição que vai de Cícero e Quintiliano a Rabelais, Montaigne, Cervantes, Montesquieu e Voltaire.

Tristram não obedece a regras, nem mesmo às de plausibilidade ou de estética. Ele dispõe de todas as convenções narrativas: 'Devo pedir perdão ao sr. Horácio, pois ao escrever não me confinarei quer a suas regras, quer a regras de quaisquer homens que jamais existiram'. É sabido que na sua relação com o leitor Tristram brinca, insultando-o, humilhando-o e fingindo que está travando um diálogo, mas interrompendo arbitrariamente a conversação o tempo todo. O tom começa respeitoso — o leitor é 'caro amigo e companheiro' (I, 6) — mas imediatamente depois ele passa a 'um grande ignaro e um palerma'. Às vezes, o narrador dá a suas infelizes vítimas a ilusão de que são livres: 'Não posso dar-lhes melhor conselho do que saltarem o restante do capítulo, pois declaro antecipadamente tê-lo escrito para os curiosos e os indiscretos' (I, 4). Mas quem ousaria seguir esse caminho, se algumas linhas abaixo será repreendido por seu impiedoso atormentador? 'Como pôde, minha senhora, ter sido tão desatenta ao ler o último capítulo?' (I, 20).

Brás escorrega de uma posição para outra, de um sistema filosófico para outro. Exprime a sua opinião sobre tudo. Pensa que joalheiros são indispensáveis ao amor. Não creia o leitor que ele não tenha lido Pascal. Não só o leu como discorda dele, pois o homem não é um caniço pensante, mas uma errata pensante, considerando que cada estação da vida é uma edição que corrige as anteriores. De Pascal ele passa às botas; haverá prazer que se possa comparar a descalçar um par de botas apertadas? Naturalmente vai um passo apenas das botas a Aristóteles, o qual, por sua vez, não descobriu uma verdade achada por Brás, a solidariedade do aborrecimento humano. Consciência moral? É um sistema de janelas que abrem enquanto outras são fechadas. A relação do narrador com o leitor move-se através de todas as variações de sadismo desde a aparente deferência até a aberta agressão. O olhar irônico aparece em expressões como 'amado leitor', ou em passagens em que parece tratar o leitor como adulto, delegando-lhe o julgamento: 'Vou expor-lhe sumariamente o caso. Julgueo por si mesmo'. E vai ao extremo de atribuir ao leitor comentários argutos que este não fez, e convidá-lo a colaborar no livro. Por exemplo, o capítulo 52 não tem título, o capítulo 55 não tem texto: faça a gentileza, caro leitor, de providenciar título e texto. [...] Mas, como em Sterne, o respeito é enganoso. O leitor é infantilizado: '... não esteja aí a torcer-me o nariz, só porque não chegamos à parte narrativa destas memórias'. Ele é até mais repressivo com um leitor sensível que ousa desaprovar o comportamento de Brás: 'Retira, pois, a expressão, alma sensível, castiga os nervos, limpa os óculos'. Ele pode punir os seus leitores com um piparote no nariz, ou ameaçá-los de morte com um sorriso escarninho que não esconde intenções homicidas: 'Pela coxa de Diana! Esta injúria merecia ser lavada com sangue, se o sangue lavasse alguma cousa nesse mundo'. Os desaforos de Brás são vociferantes: 'Leitor obtuso...'. Com leitores tão incompetentes, como se pode esperar que o seu livro seja bom? Brás lava as mãos transferindo ao leitor toda a responsabilidade pelas imperfeições da sua obra, 'porque o maior defeito deste livro és tu, leitor'. Ele despreza todas as convenções narrativas. Intervém constantemente na narração, interrompendo-lhe o fluxo conforme o seu capricho. É onipotente, pode realizar milagres tais como escrever um livro após a sua morte. Identifica-se com Moisés, o fundador de um povo, pois, assim como Moisés, ele descreveu a própria morte. E é mesmo ligeiramente superior a Moisés, ao menos de um ponto de vista literário, pois, ao relatar sua morte no início, o livro ganhou em galanteza e novidade".[6]

Convém considerar adiante a pertinência e os limites contextuais desse enfoque à espera de uma análise detida de outros modelos além de Sterne (sem dúvida, o principal), como o alegado e pouco estudado Xavier de Maistre, o admirável moto contínuo que é *Jacques le fataliste*, de Diderot, e as *Viagens na minha terra,* de Almeida Garrett, cuja dicção se faz, em diversos momentos, presente nas *Memórias póstumas.*

O homem subterrâneo

Anterior à leitura intertextual e mais duradoura em termos de fortuna crítica é a ênfase dada às motivações e aos processos morais e cognitivos do narrador humorista que regem as memórias de Brás Cubas.

Mal acolhido por Sílvio Romero, que o julgou demasiado triste e por isso pouco brasileiro e um tanto artificioso, o humor machadiano encontrou melhor receptividade junto a críticos mais lúcidos como José Veríssimo e Alcides Maia. Deste último é uma obra precoce, editada pouco depois da morte de Machado e inteiramente dedicada ao humor entendido como processo definidor de modos de sentir, pensar e dizer do eu narrador das *Memórias.*[7]

Em *Machado de Assis* (*Algumas notas sobre o "humour"*), Alcides Maia trata profusamente desse comportamento simbólico peculiar. Revelando familiaridade com amplo repertório do romance europeu, o ensaísta descarta qualquer relação causal entre caracteres nacionais e humor, opondo-se a Taine, que concedera privilégio exclusivo a autores ingleses.

Alcides Maia aprofunda a imagem de um Machado melancólico (atributo que lhe parece inseparável do humorista), cético e pessimista à beira do niilismo. O que não o impede de reconhecer um veio de sátira local na fixação de "caricaturas" de alguns tipos da sociedade brasileira. De todo modo, a sua leitura tende à esfera universalizante ao detectar no subjetivismo do humorista correntes ocidentais modernas que confluem na liberdade romântica. A comédia antiga e particularmente a sátira romana ("satura tota nostra est", dizia Quintiliano) extraíam o cômico da representação não raro grotesca de tipos viciosos; faltava-lhes a angústia da autoanálise própria da subjetividade moderna de que se alimenta o humorista. A epígrafe do ensaio de Alcides Maia é significativa: "Je suis moy-mesme la matière de mon livre" são palavras do criador do ensaio renascentista e, em sentido amplo, moderno, Michel de Montaigne. O ensaísta revela também razoável conhecimento do idealismo alemão, que, sobretudo nas reflexões estéticas de Hegel, concedera ao humor um papel fundamental no processo de dissolução da arte romântica.

Nas aproximações conceituais de Alcides Maia parecem estar subjacentes as reflexões hegelianas sobre o "humor subjetivo" que rematam *A arte clássica e a arte romântica*:

> Não se propõe o artista dar, no humor, uma forma artística e acabada a um conteúdo objetivo já constituído nos seus principais elementos em virtude das propriedades que lhe são inerentes, mas insere-se, por assim dizer, no objeto, e emprega a sua atividade em dissociar e decompor, por meio de "achados" espirituosos e de expressões inesperadas, tudo o que procura objetivar-se e revestir uma forma concreta e estável. Assim se tira ao conteúdo objetivo toda a sua independência, e consegue-se ao mesmo tempo abolir a estável coerência da forma adequada à própria coisa: a representação passa a ser um jogo com os objetos, uma deformação dos sujeitos, um vaivém e um cruzamento de idéias e atitudes nas quais o artista exprime o menosprezo que tem pelo objeto e por si mesmo.[8]

Não se reconhecem, por acaso, nestas notações, traços do narrador Brás Cubas, ao mesmo tempo lúdico e demolidor, desprezador dos outros e analista de si mesmo?

Mas o escavamento existencial da categoria humor caberia ao mais sutil dos leitores de Machado de Assis, o crítico-artista Augusto Meyer. A comparação fecunda com os grandes moralistas seis-setecentistas franceses e ingleses, as afinidades com o pessimismo de Leopardi e de Schopenhauer, as coincidências temáticas (sem nenhuma possibilidade de influência) com o relativismo de Pirandello na figuração do teatro da vida e suas "máscaras nuas", enfim a curiosidade de discernir os móveis inconscientes do sujeito, que a psicanálise estava explorando desde fins do século XIX, apontam para a vigência de um contexto cultural denso e acabam desenhando uma família de espíritos a que Augusto Meyer era particularmente sensível. Graças à intimidade com esse estilo de pensar a vida pôde o crítico-poeta entender como crescera solitária aquela "flor amarela e mórbida" da melancolia que Brás reconhecia na sua alma chamando-a hipocondria. E é graças à familiaridade com essa constelação de desassombrados analistas do *eu* moderno que o crítico compõe a sua rica fenomenologia do humor machadiano.

Humor que oscila entre a móvel jocosidade na superfície das palavras e um sombrio negativismo no cerne dos juízos.

Humor cuja "aparência de movimento" feita de piruetas e malabarismos mal disfarça a certeza monótona do nada que espreita a viagem que cada homem empreende do nascimento à hora da morte.

Humor que decompõe as atitudes nobres ou apenas convencionais, pondo a nu as razões do insaciável amor-próprio, das quais a vaidade é o paradigma e a veleidade o perfeito sinônimo.

Humor que mistura a convenção e o sarcasmo na forma de máximas paradoxais.

Humor, enfim, que parodia as doutrinas do século, positivismo e evolucionismo, sob o nome de Humanitismo, e as traz na boca de um mendigo aluado. Nada cancelaria "o pirronismo nihilista que formou a raiz do seu pensamento".[9]

Embora não convenha atribuir ao ensaísta-poeta a adesão a qualquer método fechado de análise do texto literário, parece-me que o seu modo de ler deve muito à procura do sentimento fundamental, do tom dominante ou do "étimo espiritual" que os mestres da estilística alemã e espanhola (Karl Vossler, Leo Spitzer, Dámaso Alonso, Amado Alonso, entre outros) herdaram da estética de Croce, ressaltando, porém, os aspectos formais do poema ou do romance, que o filósofo italiano deixava muitas vezes em segundo plano. Assim, aquele seu "não ter método", que lhe atribuiu Otto Maria Carpeaux, aliás elogiosamente, significava, na realidade, uma aderência às modulações da prosa machadiana, uma atenção sensível ora ao capricho da composição, ora ao sentimento do nada que o espectador de si mesmo surpreendia no fundo de todas as vaidades humanas.

Uma das conquistas dessa leitura só aparentemente impressionista é a intuição da diferença de significado entre o narrador caprichoso das *Memórias póstumas* e o espevitado Tristram Shandy. Há semelhanças que saltam à vista, mas, diz Meyer, "a analogia é formal, não passa da superfície sensível para o fundo permanente. A vivacidade de Sterne é uma espontaneidade orgânica, a do homem volúvel [...]. Sterne é um 'molto vivace' da dissolução psicológica".[10] E adiante: "Em Machado, a aparência de movimento, a pirueta e o malabarismo são disfarces que mal conseguem dissimular uma profunda gravidade — deveria dizer: uma terrível estabilidade. Toda a sua trepidação acaba marcando passo".[11]

Augusto Meyer enfrenta com galhardia a interpretação das *Memórias póstumas* como pseudo-autobiografia. São complexas as suas reações à tese que identifica o homem no autor. Se, de um lado, o retrato do homem Joaquim Maria Machado de

Assis, isto é, a sua personalidade empírica (expressão devida a Croce), aparenta o oposto do perfil destrutivo do criador de Brás Cubas, dando razão ao aspecto enganoso, *pseudo*, da autobiografia, de outro lado, o ensaísta se compraz na imagem do *homem subterrâneo*, fórmula que é também a chave da sua compreensão de Dostoievski. (De passagem, toda teoria literária se constrói, nos textos de Meyer, tendo por horizonte a literatura comparada.)

Junto à sondagem do homem subterrâneo o crítico explora outra dimensão do narrador machadiano, o *espectador de si mesmo*. O demônio da análise nasce da cisão entre o homem que age e a mente que se vê agir e se analisa a si mesma: "O mal começa com a consciência demasiadamente aguda, pois o excesso de lucidez mata as ilusões indispensáveis à subsistência da vida, que só pode desenvolver-se num clima de inconsciência, a inconsciência da ação".[12]

Ao excesso de lucidez segue-se a "evidente morbidez introspectiva". Prossegue o ensaísta: "Mas o verdadeiro drama da 'consciência doentia' não se resume apenas nisso, começa com o fato da consciência por amor à consciência, da análise por amor à análise, — então sim nasce o 'homem do subterrâneo'". A vida chama, a vida passa, mas "o voluptuoso, o esquisito, é insular-se o homem no meio de um mar de gestos e palavras, decretar-se alheado, inacessível, ausente...".[13]

Convém remontar ao contexto desta última citação de Meyer, extraída do capítulo 99 das *Memórias póstumas*. Brás estava no corredor de um teatro em que se representava uma ópera de grande público. Acabara de ter um encontro casual com Lobo Neves, o marido de sua amante, e ambos tiveram que representar afetando naturalidade; logo depois, precisara escapar de Damasceno, que o espreitava do seu camarote e o cobiçava para genro. Voltando incólume e velozmente para seu lugar, Brás mergulha em si mesmo como quem "se vinga" dos outros e da multidão, "cujo amor cobicei até a morte". É este o tempo de insulamento deleitoso que a frase citada colhe com sutileza e precisão: "o voluptuoso, o esquisito...". Na seqüência, o leitor se apercebe da raridade daquele momento em que o *eu parece destacar-se dos outros, que talvez estranhem o ensimesmamento*; mas "o mais que podem dizer, quando ele torna a si, — isto é, quando torna aos outros, — é que baixa do mundo da lua, mas o mundo da lua, esse desvão luminoso e recatado do cérebro, que outra coisa não é senão a afirmação desdenhosa da nossa liberdade espiritual?". Na imagem do *desvão luminoso e recatado do cérebro* Augusto Meyer encontraria a confirmação da sua hipótese fecunda do homem subterrâneo, assim como na *afirmação desdenhosa de nossa liberdade espiritual* vê-se contemplada a atitude livre do analista dos outros e de si mesmo, que se refugia no mundo da lua antes de tornar à representação do seu papel social: aquele tornar a si que é, na realidade, um tornar aos outros. A figura deste homem dividido, que age e se vê agir, que vive e se vê viver, e se compraz na autoanálise tantas vezes cruel, está no narrador machadiano, mas quer-me parecer que a leitura pirandelliana de Augusto Meyer terá contribuído para que o ensaísta a desenhasse com maior argúcia e exatidão.

Brás é o suporte subjetivo desses momentos auto-reflexivos, provendo-os de uma unidade tonal que surpreende se considerarmos o quanto há de acaso na trama e de arbitrário nas intervenções do narrador. Mas a unidade de tom subsiste, a tal ponto que a leitura sociológica julgou capturar em Brás um tipo, fixando-o como alegoria de uma determinada classe social, o rentista ocioso.

Não foi esse o ângulo preferencial da interpretação elaborada por Augusto Meyer. Fiel à sua leitura imanente, o crítico identificou a gênese das memórias de Brás, o seu étimo, no sentimento do mundo e na percepção da História expressos já em alguns poemas compostos por Machado no começo dos anos de 1880 e enfeixados nas *Ocidentais*. Como se sabe, entre fins de 1879 e os primeiros meses de 1880, ganha corpo a segunda maneira do romancista. O que a leitura biográfica tem apontado como uma grave crise existencial motivada por um esgotamento físico, Augusto Meyer detecta em termos de afloramento de imagens e de concepções radicalmente negativas da natureza e da humanidade.

O narrador que comporia a prosa alegórica do delírio de Brás, esculpindo o vulto de uma gigantesca Mãe-madrasta indiferente ao destino das suas criaturas, e moveria o desfile dos séculos, esvaziando-o de qualquer sentido progressista, era o mesmo poeta de *Uma criatura*, *O desfecho* e *No alto*, cujos versos traziam os estigmas do niilismo, o avesso imutável da superfície móvel que são as palavras e os gestos de Brás Cubas.

O tipo social

A construção social ou, a rigor, psicossocial do narrador machadiano começou com o método biográfico. O fruto maduro veio com a obra notável de Lúcia Miguel Pereira, *Machado de Assis. Estudo crítico e biográfico*, que saiu em 1936. Joaquim Maria, menino pobre, mulato e epiléptico, mas protegido por uma rica madrinha, de quem seus pais eram agregados, subiu na escala social pelo seu talento enorme e não menor capacidade de trabalho. Deu bem cedo as costas para a família e, ao longo da década de 1860, integrou-se no jornalismo liberal, fez amigos influentes, ingressou no funcionalismo e casou-se com uma mulher branca, portuguesa, de excelente nível intelectual. Carolina, embora não fosse de origem fidalga (era filha de um relojoeiro estabelecido no Porto), aparentara-se no Rio com os condes de São Mamede, que Machado passou a freqüentar. Em suma, Joaquim Maria, antes de chegar aos trinta anos de idade, mudara de classe.

Dessa trajetória dependeriam certas vertentes temáticas da sua ficção: o interesse pela representação das assimetrias comuns em uma sociedade na qual, fora da condição escrava, o pobre era quase sempre um agregado; as relações de favor, arbitrárias da parte do rico, servis ou susceptíveis da parte do dependente; a justificação do comportamento ambicioso atribuído a afilhadas de madrinhas abastadas. É um quadro que se reconhece nos romances escritos nos anos de 1870 (*A mão e a luva, Helena, Iaiá Garcia*) e em *Casa velha*, cuja data de composição ainda está por ser apurada. Nesses enredos afloram como temas vivos ora a humilhação enfrentada dignamente, ora a ambição dissimulada de moças que o destino fez viverem na gaiola dourada do favor. O narrador parece aceitar constrangido a lógica do paternalismo, dando-nos a ver ora o seu direito, ora o seu avesso.

Quanto ao salto dado pelas *Memórias póstumas*, entre 1879 e 1880, é interpretado pela biógrafa sobretudo em termos psicológicos, mesmo porque a ascensão social de Machado, naquela altura dos seus quarenta anos, já estava bem consolidada. Havia muito que ascendera, desde os fins dos anos de 1860, antes portanto da composição dos seus primeiros romances.

Doença, crise de ceticismo, disposições "mórbidas", surto de pessimismo, "perda de todas as ilusões sobre os homens" (confissão feita a Mário de Alencar), intimidade de leitor com a tradição corrosiva dos humoristas ingleses e dos moralistas franceses: eis as motivações próximas alegadas para entender a sensível mudança de perspectiva e de tom, de composição e de linguagem narrativa operada nas memórias de Brás Cubas. Razões todas plausíveis, de largo espectro existencial e cultural, embora difíceis de precisar. O certo é que secundaram a virada do escritor no sentido de uma erosão dos valores convencionais ainda presentes na construção dos primeiros romances.

Sem a evidência dos dados contextuais relativos à subida de classe que calçavam a sua interpretação da primeira fase do narrador, Lúcia Miguel Pereira recorre, em parte, ao que venho apontando como a segunda versão de Brás Cubas, mas acrescida de um diagnóstico: o analista autoirônico também seria "o primeiro dos tipos mórbidos em que extravasou as próprias esquisitices de nevropata".[14] A conotação nosológica será um tributo a certas tendências da crítica biográfica dos anos de 1930 e 40? É provável. Reponta aqui a hipótese do "desdobramento da personalidade" do espectador de si mesmo, já trabalhada por Augusto Meyer quando viu em Brás Cubas o homem subterrâneo, o lado oculto do funcionário exemplar, do acadêmico de maneiras diplomáticas. A autora não deixa de mencionar, de passagem, a presença do quadro social, no caso, "a crítica da organização servil e familiar de então", mas no conjunto a ênfase incide na relação profunda entre autor e narrador: "Brás Cubas e Machado se confundem".[15]

O dilema está posto: Brás nasce, vive, morre e sobrevive dentro de Machado de Assis autor, como avesso ou sombra inarredável da dinâmica existencial do escritor? Ou Brás Cubas é exterior ao autor, enquanto montagem de um tipo local, um proprietário ocioso que viveu durante o Brasil imperial? Autoironia estilizada em termos narrativos, ou construção de um tipo particular julgado objetivamente pelo seu autor? Qual o tom fundamental das memórias? Humorístico ou satírico?

A segunda alternativa foi preferida pela crítica sociológica de estrita observância. Com diferenças de tônica e estilo, vem de Astrojildo Pereira a Roberto Schwarz, passando por Raymundo Faoro. O cerne do argumento é a consideração do narrador-protagonista como espelho ou voz da sua classe social. A atenção aos traços ideológicos típicos tende a ocupar o analista às vezes em prejuízo da sondagem das diferenças individuais.

A tese é relativizada parcialmente em *Machado de Assis. A pirâmide e o trapézio* (1974), de Raymundo Faoro, que a contempera com a forte presença do olhar dos moralistas franceses e dos humoristas ingleses na formação do ponto de vista do defunto autor.[16]

Faoro desenvolveu o seu estudo em torno da idéia de um Brasil entre patriarcal e capitalista, tradicional mas já em vias de modernização: uma sociedade ainda em formação, onde as classes proprietárias aspiravam a ocupar também as camadas altas na hierarquia dos estamentos. O nosso rico Brás deseja ser ministro de Estado (o velho Cubas o exortava a primar na política) ou galgar os píncaros da fama com a invenção do seu emplasto anti-hipocondríaco. Lobo Neves acalenta o sonho de ser marquês; assim Virgília seria marquesa, veleidade que motivou a sua primeira ruptura com Brás... Herdeiros afortunados ou sôfregos especuladores da praça, Rubião e Palha (em *Quincas Borba*), Cotrim (nas *Memórias póstumas*), Santos e Nóbrega (em *Esaú e Jacó*) desejam virar titulares do Império. A ambição de obter status e aparentá-lo dá-lhes traços comuns, típicos, segundo os classificaria a sociologia weberiana, uma das matrizes do pensamento de Raymundo Faoro.

Na sua versão mais drástica, a proposta do nexo entre a ideologia do rentista no Brasil Império e os modos de pensar, sentir e dizer de Brás Cubas foi elaborada por Schwarz em *Um mestre na periferia do capitalismo* (1990). A gênese das características de pensamento, composição narrativa e estilo do Machado maduro (o humorismo, o ceticismo, a mistura joco-séria, a livre interlocução com o leitor) é identificada com a ideologia de um personagem-narrador burguês posto em um contexto escravista e patriarcal. O caráter volúvel de Brás — detectado por Augusto Meyer em termos lúdicos e formais como "capricho" e "perspectiva arbitrária" do humorista — seria, antes, condicionado pelo quadro histórico em que se formou o protagonista: uma nação atrasada que, no entanto, adotava "disparatadamente" o ideal liberal europeu. À luz desse desajuste entre ideologia e realidade seriam inteligíveis os conteúdos mutáveis da mente de Brás, efígie ou alegoria do Brasil imperial.

São duas as teses que aqui se imbricam: a) a composição livre, em vaivéns, do texto ficcional é condicionada por modos de ser de um tipo que é rico e desocupado; em outras palavras, a volubilidade do narrador aparece como uma das expressões da ociosidade abastada em uma formação social escravista, logo como efeito subjetivo das desigualdades de classe; b) o tipo, por sua vez, é explicável pelo contexto ideológico brasileiro julgado "fora de lugar".

O olhar macrossociológico tende, por sua lógica interna, a ser totalizante na medida em que subordina à situação local tanto os traços formais como os existenciais, objetos específicos das visadas anteriores. Estamos em face de um princípio doutrinariamente reducionista, mas analiticamente fecundo: forma narrativa e *ethos* dependeriam da posição sócio-econômica do narrador, que pode ser testada direta ou indiretamente em vários episódios das *Memórias póstumas*.

A densidade do olhar narrativo

Reexaminando as três versões que a crítica tem dado ao narrador e protagonista Brás Cubas, podemos qualificar a primeira como construtiva, a segunda como expressiva e a terceira como mimética. Construção, expressão e representação são termos-chave para o entendimento da obra ficcional e atendem às diferentes dimensões que a integram. O tipo social, no caso o rentista ocioso (nível da *representação*), expõe-se, analisa-se e julga-se a si mesmo (nível da *expressão*: humor, misto de galhofa e melancolia); quanto à estratégia narrativa, acionada para dizer essa contradição, Machado escolheu a figura do defunto autor e a "forma livre", com todas as suas bizarrias de composição e linguagem inspiradas em Sterne e na prosa auto-satírica (nível da *construção literária*).

O nó problemático se dá quando se atribui a um dos níveis o caráter sobredeterminante, ou seja, o estatuto de matriz dos demais. Toda determinação unilateral padece da dificuldade de compreender o que foi multiplamente elaborado, ou seja, a densidade do concreto individualizado.

Recapitulem-se as três versões contempladas acima:

Se nos ativermos à leitura formalizante, intertextual, veremos, em primeiro lugar, um Brás Cubas prestidigitador que se diverte em jogar com dados díspares da sua imaginação e da memória cultural, a começar pelo paradoxo de inventar-se como defunto autor. Não se pode negar que há nas memórias de Brás um programado exercício lúdico de fraseio e composição. Machado rompeu abertamente com o molde convencional do romance linear que presidira à sua primeira fase. As suas menções a Sterne, a Xavier de Maistre e a Garrett não são vazias nem improcedentes. A vontade-de-estilo guiou efetivamente a composição das suas lembranças póstumas: "Trata-se de uma obra difusa, na qual eu, Brás Cubas, se adotei a forma livre de um Sterne ou de um Xavier de Maistre, não sei se lhe meti algumas rabugens de pessimismo". Adiante, distingue-se dos "seus modelos", que não partilhariam do seu "sentimento amargo e áspero". Trata-se, portanto, de franca eleição de moldes narrativos, um ato de intencionalidade estética que não deveria ser pendurado, sem mediações, em uma genérica filosofia pessimista do autor, nem no fato localizado de ser Brás herdeiro de uma família de posses residente no Rio de Janeiro no século XIX.

Nem o pessimismo, abstratamente considerado, nem disponibilidades financeiras determinam este ou aquele esquema narrativo, estes ou aqueles modos estilísticos. Parece mais razoável acolher a qualidade específica da bizarria compositiva das *Memórias póstumas* e compreendê-la no interior do projeto narrativo que ela efetua, ao invés de deduzi-la de uma filosofia coesa ou reduzi-la a um epifenômeno de classe.

Isto posto, a adoção do modelo "forma livre", embora seja fator inerente à estrutura do romance, não esgota as potencialidades do narrador. Tudo quanto a segunda dimensão de Brás aponta como lastro e perspectiva existencial (humor, melancolia, ceticismo, captação do *nonsense* dos destinos individuais) está declarado no prólogo do autor com aquela expressão lapidar, "sentimento amargo e áspero". Machado prestou a seus leitores e críticos o favor de distinguir claramente o molde formal e o sentimento difuso que penetra a obra inteira e "está longe de vir dos seus modelos. É taça que pode ter lavores de igual escola, mas leva outro vinho" — frase que poderia servir de epígrafe ao pensamento relativizador que se propõe neste ensaio. Em um texto que já está fazendo setenta anos, Augusto Meyer retomou, como se viu, a distinção feita pelo próprio Machado:

> Fez do seu capricho uma regra de composição. E neste ponto se aproxima realmente da forma livre de Sterne e de um Xavier de Maistre. Mas a analogia é formal, não passa da superfície sensível para o fundo permanente. A vivacidade de Sterne é uma espontaneidade orgânica, necessária, a do homem volúvel que atravessa os minutos num fregolismo vivo de atitudes, gozando o prazer de sentir-se disponível. Sterne é um "molto vivace" da

dissolução psicológica. Em Machado de Assis a aparência de movimento, a pirueta e o malabarismo são disfarces que mal conseguem dissimular uma profunda gravidade. Toda a sua trepidação acaba marcando passo.

O *pathos* machadiano foi vertido em molde imitado, o que é o limite deste, e o limite da tese intertextual, cujo mérito é ter reconhecido a originalidade do projeto literário que norteou o autor das *Memórias*.

Quanto à leitura centrada na representação de tipos sociais, vem situar a teia das interações reportando-as ao contexto do romance. Há lugares e tempos marcados na trajetória de Brás. Ele não é o homem genérico, mas o herdeiro de uma fortuna que lhe permite dar-se ao luxo de não trabalhar. Um rentista que mora no Rio de Janeiro e que, tendo nascido no tempo do rei, viveu até o meio do Segundo Império em uma sociedade ainda escravista e patriarcal, mas já imantada pelo capitalismo internacional, logo para a prática de certos costumes ou ideais burgueses (*o que não significava, em absoluto, democráticos*). Os componentes do sistema entram como dados objetivos e integram as relações de classe vividas por Brás e por outras personagens do romance. A crítica sociológica persegue este veio mimético na obra ficcional. Romance do Segundo Reinado (Astrojildo Pereira); espelho da pirâmide das classes e do trapézio dos estamentos (Raymundo Faoro); representação da mente patriarcalista em uma formação social mista e disparatada (Roberto Schwarz), as *Memórias póstumas* remetem necessariamente a aspectos da vida social brasileira do século XIX.

A leitura sociológica trouxe contribuições relevantes para a construção da imagem de um Machado brasileiro. O seu olhar poderá ser cada vez mais iluminador na medida em que se abstiver de assumir uma função totalizante e monocausal e na medida em que reconhecer o caráter multiplamente determinado do texto, no sentido proposto pela dialética hegeliano-marxista para a compreensão do concreto individual.

Astrojildo Pereira ateve-se à tese ortodoxa da literatura como reflexo da sociedade, acompanhando de perto a vulgata de Plekhanov. A sua obra vale pela riqueza de elementos documentais que retira das páginas machadianas. O aspecto remissivo do seu método de leitura sobreleva as dimensões expressivas e criativas do texto ficcional. A citação seguinte resume a posição do ensaísta:

> Segundo Plekhanov, "a psicologia das personagens adquire enorme importância aos nossos olhos, exatamente porque é a psicologia de classes sociais inteiras, e sendo assim, podemos verificar que os processos que se desenvolvem na alma das diferentes personagens são o reflexo conseqüente do movimento histórico a que pertencem". Eis aí uma boa chave para a compreensão das íntimas conexões que existem entre a obra de Machado de Assis e a história social do tempo que ela reflete.[17]

Raymundo Faoro contrabalança o seu levantamento de tipos sociais com reflexões agudas sobre o caráter seletivo da mímesis narrativa. "*Machado escolheu e recortou só os aspectos da política brasileira que melhor se coadunassem com a sua visão cética da vida pública do Império como palco de sombras.*" Faoro detecta "um centro de filtragem e de seleção valorativa que acentua e destaca o fenômeno singular em prejuízo da organização social, da estrutura política e das coordenadas supra-individuais".[18] Voltado de preferência para as motivações dos indivíduos, Machado veria na política antes um cenário de paixões do que um processo institucional enraizado em coesos interesses de classes e grupos. "No fundo, todos os males da sociedade e todos os remédios estariam no coração do homem, só ele responsável pelos acontecimentos. Nesse foco de contradições, o destino humano e o destino das nações têm sua mola íntima e última das decisões."[19] Seria estimulante confrontar as reflexões do historiador Raymundo Faoro sobre o significado real da política em Machado com certa tendência recente de explicar alegoricamente personagens e situações machadianas mediante o registro documental ou jornalístico de fatos que se deram no dia-a-dia parlamentar do Segundo Império.[20]

No fecho de *A pirâmide e o trapézio*, Faoro dialetiza o procedimento tipológico de que se valera ao longo do ensaio e contempla com as figuras do espelho e da lâmpada dois estilos de narrar. O espelho do historiador remete ao quadro empírico dos atos e dos fatos. A lâmpada do romancista ilumina a rede das motivações subterrâneas e deixa na sombra, a seu bel-prazer, esta ou aquela imagem que o espelho refletiria, passivo e indiferente. Apoiando-se em um dos mais inventivos teóricos do formalismo russo, Viktor Chklovski, autor da *Teoria da prosa*, o ensaísta encarece os procedimentos de singularização e deformação peculiares ao estilo ficcional, e que o distinguem da notação documental, por hipótese neutra e objetiva.

Haveria, pois, um dualismo epistemológico no cerne da obra seminal de Raymundo Faoro, o que afinal enriquece a sua visão, pois abre caminho para um encontro de objetividade contextual e estilização subjetiva. O encontro ajusta-se bem às memórias de Brás, em que há lugar para presença e distanciamento, memória e crítica, testemunho e ironização, chão dos fatos e subsolo da autoconsciência.

Na ótica de Schwarz não se verifica a mesma tendência à pluralidade metodológica. O seu trabalho está inteiramente norteado pela tese de que a composição das *Memórias* imita a estrutura da sociedade brasileira do século XIX marcada pela coexistência de escravidão e liberalismo.[21] Para tanto, o crítico retoma, em outro contexto, a hipótese da "redução estrutural" proposta e discretamente adotada no estudo antológico de Antonio Candido sobre as *Memórias de um sargento de milícias*.[22] Para Schwarz, o burguês ocioso brasileiro seria um tipo instável, pois, por hipótese, viveria em uma sociedade disparatada senão absurda: logo, Brás saiu um tipo arbitrário e volúvel. Os conteúdos ideológicos supostos acabam fixando e qualificando os movimentos psicológicos do narrador e de suas personagens. Seguindo a mesma lógica do externo que vira interno, a forma livre, que Machado reconheceu por seu modelo na feitura do romance, explica-se como uma variante literária da ideologia entre patriarcal e burguesa do Brasil Império encarnada na personagem Brás Cubas, que desempenharia assim uma função típica na fronteira com a alegoria.

A condição de proprietário desocupado faz-se esquema ideológico e psicológico, pré-formando as demais faculdades de Brás e ditando-lhe os seus modos de ser, pensar, sentir e dizer. Forma narrativa bizarra, desgarre, humor, tédio e *nonsense* seriam efeitos simbólicos do modo de vida de Brás Cubas. Creio que o que se ganha aqui em coesão metodológica arrisca-se a perder-se na restrição do alcance efetivo de processos formais específicos e do *pathos* de amarga melancolia que permeia a narrativa e enforma o seu tom humorístico.

Max Weber, relativizando o seu conceito de *tipo ideal*, considera que "o caráter abstrato dos conceitos da sociologia é responsável pelo fato de que, comparados com a realidade histórica, eles são relativamente carentes da plenitude do conteúdo concreto".[23] Essa relativa carência de conteúdo concreto, que Weber, insuspeitamente, adverte como inadequada à compreensão da realidade histórica, faz-se ainda mais arriscada quando os esquemas tipológicos são aplicados diretamente a personagens de ficção. A redução estrutural assumida, pela qual o andamento do texto romanesco imita o movimento ideológico de uma determinada classe, revela-se insuficiente para dar conta da variedade e ousadia da teia compositiva e estilística elaborada por Machado. A mesma redução, privilegiando traços de sátira local, não dá conta do humor, aquele "sentimento amargo e áspero" que reage negativamente auto-analisando o *ethos* burguês tradicional presente nos comportamentos de Brás Cubas.

Se este sentimento amargo e áspero é tão poderoso que age como dissolvente contra-ideológico, fica no ar a única questão pertinente: que antiideologia é esta? Ou ainda: de onde procede? Como se formou na mente do defunto autor, que ora parece encarná-la, ora a atenua secundando o gesto conformista da personagem que, por hipótese, deveria ser objeto de sátira intransigente? Trata-se de uma forma de pensamento democrático o mais avançado possível, confinando com a crítica socialista ao proprietismo liberal por tanto tempo conivente com a escravidão? Ou ainda navegamos nas águas do ceticismo *moraliste* já inteiramente trabalhado pela vertente pessimista que desemboca em Schopenhauer? Para usar de uma expressão cara a um sociólogo em geral determinista, Bourdieu, a que campo ideológico (brasileiro ou ocidental) pertence o Machado das *Memórias póstumas*?

A força crítica do narrador não se exerce numa única direção, nem se aplica em um só ponto. Ao lado da sátira tipológica, tão certeiramente rastreada por Schwarz, que se detém em alguns traços do rentista (preconceitos de classe, superficialidade cultural, petulância), o que avulta no romance é uma dialética de memória e distanciamento cético do narrador *em relação a si próprio*. A derradeira confissão é o capítulo radical das negativas, que soaria inverossímil se posto na boca frívola de um personagem oco, ou apenas preenchido pelas suas características de proprietário e herdeiro. As lembranças, fazendo-se estrategicamente póstumas, puderam ser autodestrutivas até o limite do niilismo. O fluxo de consciência de Brás mostra o direito e o avesso da coisificação social, fazendo-o ouvir, em meio a vozes familiares e cúmplices, as censuras do leitor sensível, como ouvirá o narrador de "O espelho" os cochichos do nada. Por esse movimento de sentido a resposta do sujeito ao mundo e a si mesmo diz ora sim, ora não, oscilando na dúvida e desarmando com aparente isenção o cotidiano moral fluminense que é o contexto da sua experiência. À medida que percebemos os desdobramentos do foco narrativo, conseguimos superar o impasse daquela mútua exclusão: *ou* sátira objetiva e pontual de um tipo, *ou* autoanálise humorística.

De todo modo, atentando para a condição de rentista do narrador, Schwarz abre uma janela para conhecer o estilo de vida de um determinado segmento da sociedade brasileira, divisando o quadro que a angulação de Machado escolheu e recortou com seu extraordinário poder de observação. Este Machado crítico seria ninguém menos que o defunto autor que, para Schwarz, faria a censura ideológica do protagonista, assim objetivado como tipo social. Caracterizando a ideologia do autor a partir das *Memórias*, afirma o crítico: "Machado insistiria nas virtualidades retrógradas da modernização como sendo o traço dominante e grotesco do progresso na sua configuração brasileira" (p. 212). Nessa leitura, o desencanto de Machado em relação às doutrinas modernizantes decorreria da notação dos desconcertos locais: fica, de todo modo, por esclarecer a função dialética da implacável *autoanálise moral* responsável pelo tom humorístico inerente à dicção das *Memórias*. *O delírio de Brás não fere apenas o progressismo brasileiro, mas o progressismo em geral. O positivismo, parodiado no Humanitismo de Quincas Borba, tampouco é especificamente nacional; é a "religião da Humanidade" de*

Comte e de seus discípulos em todo o Ocidente. Machado brasileiro é universal. A mente de Machado ultrapassa os limites geográficos da periferia. E outro tanto faz o seu humor, que as águas do Atlântico não impedem de pertencer à cultura ocidental.

Quanto ao nexo histórico entre liberalismo e conservação do trabalho escravo (de resto vigente em todas as formações sociais baseadas na economia de plantagem), convém levar em consideração a existência de *dois liberalismos em conflito*, sobretudo a partir dos anos de 1860 — o que retifica o teor supostamente homogêneo da ideologia liberal.

O liberalismo conservador, de fundo oligárquico, isentava o proprietário de qualquer culpa ou escrúpulo: a sua retórica justificava-se pela razão jurídica proprietista, base de todos os códigos liberais europeus e americanos pós-1789. *Trata-se de uma ideologia que se assume como antiigualitária*. O seu deus verdadeiro é a propriedade. Nas *Memórias póstumas* a síndrome liberal escravista apresenta como figuras típicas duas personagens com que Brás está envolvido, Cotrim e Damasceno. O primeiro, seu cunhado, era cruel com os escravos, e o narrador informa que os "tinha largamente contrabandeado", atividade, de resto, crescente e tolerada naqueles anos de 1830-40, que precederam a abolição do tráfico. Quanto a Damasceno, primo de Cotrim e quase sogro de Brás, manifesta, na década de 1830, seu apoio incondicional ao negócio negreiro. Repare-se que a dureza de Cotrim é interpretada pelo autor, quase meio século depois, como "puro efeito de relações sociais". Julgamento ou cética constatação? A longa distância no tempo entre as memórias póstumas e os fatos narrados alimentava também a consciência de que o contexto mudara, de tal modo que o liberalismo de 1880 estava em condições de julgar e ao mesmo tempo entender o que tinha sido o liberalismo hegemônico naqueles decênios de 1830-40, que viram o tráfico recrudescer intensamente.

Em crônica publicada em 1º de outubro de 1876, três anos antes da redação das *Memórias póstumas*, Machado pontua a diferença de mentalidade, ou da ideologia corrente, em relação à pessoa do escravo:

> A lei de 28 de setembro [*de 1871*] fez agora cinco anos. Deus lhe dê vida e saúde! Esta lei foi um grande passo na nossa vida. Se tivesse vindo uns trinta anos antes, estávamos em outras condições.
>
> Mas há trinta anos [*1846: Brás Cubas chegara aos 41 anos de idade*], não veio a lei, mas vinham ainda escravos, por contrabando, e vendiam-se às escâncaras no Valongo. Além da venda, havia o calabouço. Um homem do meu conhecimento suspira pelo azorrague.
>
> — *Hoje* os escravos estão altanados, costuma ele dizer. Se a gente dá uma sova num, há logo quem intervenha e até chame a polícia. Bons tempos os que lá vão!

São os tempos em que Cotrim enriquecia com o tráfico e cultivava a melhor das boas consciências.

Quanto ao dia-a-dia do escravismo, se era portador de algum mal, este se atribuía à inferioridade do negro e às mazelas que o seu convívio trazia à família branca: exemplos encontram-se em obras de nossos liberais conservadores, *As vítimas algozes*, de Joaquim Manuel de Macedo, e *O demônio familiar*, de José de Alencar. A razão do liberalismo democrático é inversa: culpa o proprietário pela sua ganância e desumanidade, será a argumentação dos abolicionistas. E não se tratava apenas de duas ideologias, dois sistemas de idéias, mas de duas mentalidades com todo o lastro de interesses e paixões que esse conceito implica.[24]

Machado de Assis, ao escrever as *Memórias póstumas*, entre 1879 e 1880, *continuava a ser um liberal democrático, isto é, antio-*

ligárquico e abolicionista, embora já não militasse, desde 1867, na imprensa oposicionista. Esta sua posição ideológica manteve-se coerente, mas afetada por um ceticismo crescente em relação a partidos e às doutrinas otimistas do seu tempo. Criando, em 1880, o personagem Brás Cubas, que escreve depois de morto (1869), o Machado satírico da mentalidade burguês-patriarcal compôs no seu narrador ao mesmo tempo um complexo de atitudes típicas de classe (o Brás que age como rentista sem maiores escrúpulos) e o analista "amargo e áspero" que denuncia as vilezas de um rico e observa-se e julga-se a si mesmo enquanto homem. Um liberal democrático que não acredita no progresso moral do ser humano, a que "campo ideológico" nacional pertenceria? Um historicismo estreito e fechado no tempo e no espaço terá dificuldade em responder a esta pergunta.

O liberalismo novo e progressista que se gestou nos anos de juventude de Machado (o liberalismo da crise de 1868 e da batalha pela Lei do Ventre Livre em 1871) teve condições de julgar o liberalismo excludente e escravista, mas não conseguiria, por si mesmo, autocriticar-se e reconhecer os seus limites, a não ser que cedesse o seu lugar à esperança revolucionária ou a um amargo ceticismo. Esta última terá sido a saída ideológica de Machado maduro, capaz de ver o Brás nascido em 1805 pelos olhos do defunto autor de 1869, mas também capaz de fazê-lo ver-se e julgar-se a si mesmo pelos olhos do intelectual desenganado de 1880.

Retomando a frase dita linhas acima, "A autoconsciência é a cunha que dialetiza o tipo, conservando-o e superando-o", parece-me que o leitor de Machado se defronta com um complexo ideológico peculiar. O crítico da mentalidade conservadora, do velho paternalismo oligárquico, o liberal formado na militância jornalística dos anos de 1860 (anterior a toda a sua produção narrativa) sobrevive no analista satírico de Brás Cubas-tipo social determinado. Mas o observador desabusado de todas as ideologias, inclusive as progressistas, ronda e penetra o defunto autor *que denuncia o outro que ele também reconhece em si mesmo*, barro comum da humanidade. O humor não apaga a sátira: dá-lhe outra dimensão e outra qualidade na medida em que o tipo social viria a ser o espectador de si mesmo, aquele homem subterrâneo descoberto pelo olhar arguto de Augusto Meyer.

Observações de método

Fatores convergentes só adquirem força e pleno sentido no momento da interpretação quando conseguimos aferi-los na sua relação recíproca. Percepção desabusada dos homens e forma livre provocam, quando juntas, efeitos particulares de humor. Essa confluência de perspectiva e estilo ainda não define a complexidade do narrador: falta-lhe o perfil da particularidade local, a situação do rico herdeiro em disponibilidade que vive na capital do Império em meados do século XIX.

A diversidade das determinações convergentes concorre para uma aproximação maior ao indivíduo (no limite, *individuum ineffabile*), conferindo-lhe densidade histórica e literária. Resulta claro que o recurso a um único fator explicativo, causa das causas, forçaria o discurso do intérprete para o dogmatismo doutrinário em prejuízo de uma abordagem compreensiva. Para o dogmático — diz Hegel — "as determinações unilaterais do entendimento são retidas com exclusão das determinações opostas".[25]

Resumindo:
A adesão à forma shandiana não produziria, por si mesma, a natureza das paixões e dos pensamentos que habitam os

monólogos, os diálogos e as digressões metanarrativas do texto. O que se pode dizer *a posteriori* é que houve da parte do autor uma opção bem-sucedida dos meios expressivos. Assim, o *pathos* e a visão moralista valeram-se, para tomar corpo, de estratégias já exploradas por uma tradição humorística em que o narrador afinou o seu diapasão.

Por outro lado, o pertencimento a uma certa classe interessa ao desenho da fisionomia ideológica de Brás; mas não criaria, por si só, todos os meandros daquela composição irregular nem os seus ziguezagues que poderiam, *mutatis mutandis*, ajustar-se à representação de outros indivíduos vivendo outras situações locais e temporais. É uma das conquistas assentes da Estilística o princípio de que não há correspondência biunívoca fechada entre procedimentos e dados extraliterários. O uso de metáforas, metonímias, antíteses ou reticências não está vinculado estruturalmente a este ou àquele assunto, sendo verdadeiro também o inverso: uma determinada situação social poderá exprimir-se de várias maneiras, mediante diferentes motivos, palavras, figuras ou torneios frásicos.

Tampouco o humor corrosivo, entre melancólico e galhofeiro, e a consciência moralista, inerentes ao dinamismo semântico das *Memórias*, derivam da posição de Brás na hierarquia econômica do Brasil novecentista. Os estímulos locais pertencem ao aqui e agora; mas as respostas terão a complexidade e a profundidade do sujeito que as sente, pensa e elabora. Entre os estímulos e a resposta vigoram as mediações psicológicas, culturais e especificamente literárias *que fazem das* Memórias *uma obra de ficção.*

A análise de uma escrita original da estatura das *Memórias póstumas* põe em xeque a concepção da autonomia compacta das dimensões construtiva, expressiva e representativa que integram a obra literária. Uma combinação peculiar de vetores formais, existenciais e miméticos, sem que uma instância monocausal tudo regule e sobredetermine, parece responder melhor ao problema recorrente da invenção dessa obra desafiadora.

SUMÁRIO

Machado de Assis compôs as *Memórias póstumas de Brás Cubas* adotando o estratagema do "defunto autor" em primeira pessoa. O procedimento permitiu-lhe combinar os dois tempos da narrativa de Brás: a evocação do seu comportamento em vida e a interpretação dada pelo seu autojulgamento *post-mortem*. A memória é assim trabalhada pelo olhar crítico que, por vezes, emana de um suposto leitor. O episódio de Eugênia ilustra essa dupla dimensão da narrativa.

A crítica tem estudado em três registros este bizarro narrador: 1) segundo uma leitura formalizante, o defunto autor desenvolve o modelo da "forma livre" de Sterne, que, por sua vez, se inscreveria na tradição da sátira menipéia; 2) a leitura cognitiva e existencial centra-se na figura do humorista melancólico, que se reconhece no discurso do homem subterrâneo e do autoanalista; 3) a leitura sociológica está centrada no tipo social de Brás e no contexto ideológico do Brasil Império.

Cada registro capta um perfil do narrador, mas nenhuma interpretação é, *per se*, suficiente para compreender a densidade do olhar machadiano. A forma livre está presente, mas o autor adverte que o vinho, nela contido, é de outra qualidade, áspero e amargo; o humor do autoanalista aprofunda e universaliza as memórias, mas deve passar por um processo de contextualização local; o tipo social do rentista está representado em Brás, mas não basta para explicar os procedimentos artísticos da forma livre, nem dá conta da complexidade reflexiva do homem subterrâneo.

Em relação ao contexto brasileiro, o ensaio distingue três vertentes ideológicas. A hegemonia do liberalismo excludente rege a biografia inteira de Brás, que começa no período colonial. O novo liberalismo democratizante, formado nos anos de 1860-70, alimenta a sátira local do narrador. Enfim, o moralismo cético enforma a perspectiva geral da obra, refratária às certezas progressistas inerentes ao novo liberalismo. As duas vertentes do liberalismo — a conivente e a crítica — ocuparam o seu lugar na cultura ocidental em que se inscrevia o intelectual brasileiro do século XIX.

O TEATRO POLÍTICO NAS CRÔNICAS DE MACHADO DE ASSIS

> "Que é a política senão obra de homens?"
> *A Semana*, 30/10/1892

Havia em Machado de Assis um gosto acentuado de contar histórias de políticos. Não são poucas as crônicas em que falou de parlamentares do passado ou seus contemporâneos. Histórias de políticos. Essa preferência leva ainda alguns de seus leitores a pensar que o cronista prestasse tributo à História e à Política. O equívoco é compreensível e deve-se à intenção louvável de mostrar que um grande escritor é sempre de algum modo participante e, no limite, engajado. Na esteira de nossa admiração vem o risco de submeter a leitura a pensamentos desejosos. Tudo indica, porém, que Machado não acreditava nem esperava nada (ou quase nada) nem da Política nem da História, escritas aqui com iniciais maiúsculas para diferençá-las do verdadeiro objeto do cronista: políticos e suas histórias.

ATORES EM CENA

Um dos acontecimentos dramáticos e cruciais da vida pública do Segundo Império foi a demissão que dom Pedro II deu, em 1868, ao gabinete liberal de Zacarias de Góis, substituindo-o pelo gabinete ultraconservador de Itaboraí. Embora Sua Majestade pudesse formalmente valer-se do Poder Moderador, a mudança abrupta de ministério, sendo liberal a maioria da Câmara, soou como um golpe, um abuso de autoridade, manifestação extemporânea do chamado "poder pessoal".

A comoção foi grande nos meios partidários, e grêmios e jornais liberais acusaram de bonapartista a atitude do imperador. Para historiadores do calibre de Joaquim Nabuco e Sérgio Buarque de Holanda, a crise ministerial de 1868 marcou o declínio do regime monárquico. Os liberais radicalizaram-se e o republicanismo conheceu o seu primeiro grande surto. As águas enfim moviam-se e a crise não seria passageira.

Machado de Assis assistiu a tudo como observador simpático aos liberais, pois foi essa a sua cor ideológica ao longo dos anos 1860. Mas o que ficou na sua lembrança e na sua palavra ao retornar àquela sessão momentosa que fechava uma época e abria outra?

Vinte e sete anos depois, ao noticiar a morte de Saldanha Marinho, membro daquela Câmara dissolvida, amigo seu, liberal ardente, maçom e enfim republicano, Machado de Assis escreveria uma crônica na *Semana*, datada de 16 de junho de 1895. A memória da sessão é nítida, a narração movimentada, os detalhes precisos. Mas nem o foco da elocução nem o tom geral conferem ao acontecimento a relevância e a densidade ideológica que o consenso dos historiadores lhe atribui. Para o cronista de 1895 o evento parlamentar de 1868 é feito de gestos entrecortados de aplausos e vaias; depois viria o nada que o tempo tece sobre si mesmo: "Os liberais voltaram mais tarde, tornaram a cair e a voltar, até que se foram de vez, como os conservadores, e com uns e outros o Império".

O estudioso da política imperial sabe que, entre 1868 e 1871, com a luta em torno da Lei do Ventre Livre, e, nas duas décadas seguintes, haveria duros embates dentro e fora do Parlamento; e que a reforma eleitoral, a Abolição e a República não teriam sido possíveis sem que novos e velhos liberais ("liberais contra liberais", na expressão feliz de Sérgio Buarque) e velhos e novos conservadores se defrontassem, mesmo porque a sociedade mudava, a economia se modernizava, o capitalismo, tardio embora, pressionava, a imigração seria um fato, as desigualdades regionais se aprofundavam; em suma, a história do povo brasileiro e a história do Estado brasileiro prosseguiam com seus traumas e exigências. Mas a leitura de Machado tem a ver com os gestos, os ritos, os gritos, as palmas, os silêncios, a vida, paixão e morte dos indivíduos, o ciclo mesmo da existência pelo qual uns vão, outros voltam, e todos partem definitivamente. Interessava-lhe, artista que era, o estilo dos atores políticos; atraíam-no as suas aparições efêmeras, ora risíveis, ora patéticas, mas não algum possível sentido da Política e da História, que não cabe nas suas crônicas como dificilmente se depreende de seus romances e contos.

Esse fluir e refluir dos sucessos para o Letes do esquecimento é trabalhado de modo estratégico pelo discurso machadiano das gerações. Afinal, *les morts vont vite* (frase recorrente nas crônicas e no diário do Conselheiro Aires), e os jovens não guardam memória deles: "Jovem leitor, não sei se acabavas de nascer ou se andavas ainda na escola. Dado que sim, ouvirás falar daquele dia de julho, como os rapazes de então ouviam falar da Maioridade ou do fim da república de Piratinim, que foi a pacificação do Sul, há meio século".

Admitida a eventual hipótese de que o jovem leitor tivesse notícia daquele dia de julho de 1868, o cronista põe-se a avivar a sua memória contando como eram naquele tempo as recepções de ministérios ou de partidos.

A recordação vai direto ao teatro da política. As galerias e tribunas estavam cheias de gente, pois o público desejava experimentar emoções que iam da curiosidade à indignação, passando pela indefectível vaidade de mostrar-se em um recinto onde o prestígio e as "influências" eram tudo.

Deslocado o ponto de vista do ato político para as impressões do espectador, generaliza-se a idéia de que, no fundo, todos amamos a retórica, "nós amamos a esgrima da palavra, e aplaudimos com prazer os golpes certos e bonitos". A observação chama a um campo comum o cronista e seus leitores e institui a figura-chave do público ansioso por ver o desempenho dos deputados, o que será habilmente aplicado ao espetáculo daquela tarde de julho de 1868. Para esbater e subtrair qualquer coloração de especial dramaticidade histórica à sessão evocada, o cronista dirá que "também houve aplausos em 1868, como em 1889, como nas demais sessões interessantes, ainda que fossem de simples interpelação aos ministros". Também... também. Como antes e depois, em ocasiões "interessantes", as galerias foram solenemente advertidas de que não deveriam dar sinais de aprovação nem de reprovação, e não obedeceram. Volta a lembrança: "Ouço ainda os aplausos de 1868, estrepitosos, sinceros e unânimes". Teatro, de novo: Itaboraí entra, Zacarias sai. Para driblar a surpresa da derrota, o perdedor teria dito que desde a Quaresma sentia que a queda era inevitável. O cronista comenta: "Grande atleta, quis cair com graça". Zacarias é ator consumado, e o espetáculo tem o seu quê de circense: é preciso que os equilibristas mostrem destreza ao cair. E Zacarias caiu com graça.

O jogo, porém, já estava decidido. Machado mostra-se convicto de que contra a força (no caso, a vontade do imperador) seriam baldados os argumentos, tanto os de esperança como os de indignação. Apesar disso, ouviram-se no meio do coro e em cena aberta uns e outros, escrúpulos de quixotes. Eram vozes saídas da Câmara derrotada. Alguém aparteou, confiante de que seria ainda possível desfazer o que tinha sido feito; esse alguém "talvez não soubesse ler em política": o cronista esqueceu-lhe o nome, mas insinua que era voz de um ingênuo que ignorava a ciência da força e do fato consumado, isto é, a política. Atitude oposta, pelo desassombro, pela altiva independência, teve Saldanha Marinho, cuja morte deu ocasião à crônica. Machado o conhecera de perto no seu tempo de militância jornalística no liberal *Diário do Rio de Janeiro*. Naquela tarde Saldanha poderia ter se calado, ou simplesmente votado contra a moção protocolar de despedida que a Câmara sempre dirigiu ao ministério imposto. Mas Saldanha preferiu externar as suas duras verdades e cair de pé. O cronista pondera que não lhe teria custado ser apenas firme, sem lançar suas invectivas à monarquia. Saldanha, junto com Otaviano e Otôni, já havia, em 1860, derrotado "ilustres chefes conservadores" e inaugurado o interregno liberal; no entanto, arriscou-se a perder tudo e caiu em desgraça. Zacarias e Saldanha, atores diversos na semelhança das situações: "Que é a política senão obra de homens?".

Moral da crônica: "Ó tempos idos! Vencidos e vencedores vão todos entrando na história. Alguns restam ainda, encalvecidos ou encanecidos pelo tempo, e dois ou três cingidos de honras merecidas". Este *entrar na história*, caminho forçoso de todos, liberais, conservadores e republicanos, vencidos e vencedores, tende a zerar o drama político real, esvaziando-o sob a ação do tempo, que todos sabem veículo da morte, "cúmplice de atentados". Dessa indiferença a que ninguém escaparia, salva-se, *como indivíduo*, Saldanha Marinho, cuja passagem para o campo maçom-republicano é assim interpretada: "Mudara de campo, se é que se não restituiu ao que era por natureza". Os atores reagem como podem à força cega do poder (essência da política), tentando desempenhar os seus papéis; e, assim como se dá em cena, os caracteres heróicos são raros e apartam-se, às vezes pateticamente, das personagens movidas pela rotina dos interesses particulares.

A atitude intrépida de Saldanha Marinho em 1868 é inicialmente atribuída à sua mudança de bandeira partidária, pois "mudara de campo", mas, logo em seguida, o cronista adverte, como hipótese melhor, um dado pessoal, a "natureza" peculiar àquele digno combatente: "Se é que se não restituiu ao que era por natureza". O leitor que se proponha ir além da notação individual e verificar o que significaram na história política do Brasil as lutas de Saldanha Marinho encontrará tensões ideológicas de longa duração, que ultrapassam de muito a explicação psicológica de Machado que aponta para a singularidade de caráter daquele homem público.

Saldanha Marinho, por intermédio de Quintino Bocaiúva, convidara o jovem Machadinho para escrever a crônica parlamentar do *Diário do Rio de Janeiro* quando os liberais ensaiavam a sua volta à maioria na Câmara. Mas a oposição entre liberais e conservadores conheceria, a partir dos anos 1860, desdobramentos divergentes. De um lado, o Partido Liberal, com Nabuco de Araújo, Zacarias e Saraiva à frente, manteve-se fiel ao regime, embora sempre denunciasse os excessos do poder pessoal — posição acentuada na crise de 1868. De outro, viria a radicalização republicana, que se combinou com a maçonaria. Esta última foi a opção de Saldanha Marinho, primeiro signatário do manifesto republicano, defensor coerente do sufrágio universal, jacobino que polemizou acremente com a Igreja Católica apoiando a decisão do tribunal que puniu os bispos de Olinda e do Pará. A "questão religiosa" dividiu forças políticas e culturais do Império. De modo geral, tanto os novos liberais como os republicanos históricos secundaram a campanha maçônica: os jovens Nabuco e Rui Barbosa sustentaram o Estado regalista contra a Igreja ultramontana, e só em seus anos de maturidade se reaproximariam do catolicismo. Quanto a Saldanha, escreveu, sob o pseudônimo de Ganganelli, um libelo maçônico e anticlerical, *A Igreja e o Estado*. Chamado por Deodoro da Fonseca para integrar uma comissão preparatória da Constituinte republicana, mostrou-se aguerrido defensor do Estado leigo, pugnando pela separação da Igreja do Estado, no que foi escudado pelos positivistas e pelos liberais agnósticos.

O que essa luta envolveu de marchas e contramarchas em um país de maioria católica (religião oficial do Império) evidentemente não caberia na apreciação que o cronista Machado faz, em 1895, de Saldanha Marinho, que acabava de morrer. 1868 fora, de todo modo, o ano em que forças opostas, mal coladas na Conciliação dos anos 1850, voltariam a enfrentar-se. Fazer a história dessas lutas seria entrever a história do ocaso do Império. Machado, escrevendo em 1895, *post-festum*, não se mostra interessado no que pulsaria no fundo ou por trás da cena parlamentar que a Câmara propiciava em uma de suas cerimônias "interessantes". O que o seduzia era a retórica de lances individuais em contraste. É próprio dos espetáculos brilharem só por algumas horas e depois passarem; a crônica evoca-os sabendo que são de ontem, e que o amanhã costuma esquecê-los. O que impressiona no texto machadiano é o movimento passageiro das aparências, que é vivo e tem a sua verdade na medida em que os mecanismos políticos não dispensam o teatro; o público inquieto que ora vaia, ora aplaude; os presidentes formalistas que exigem silêncio, mas em vão; o atleta que cai com graça (chamava-se Zacarias), e o homem fiel à sua natureza indomável (chamava-se Saldanha Marinho). "Os liberais voltaram mais tarde, tornaram a cair e a voltar, até que se foram de vez, como os conservadores, e com uns e outros o Império."

UMA VIDA INTEIRA DE GALERIA EM GALERIA
A Semana, 27/11/1892

O cronista continuou a passar horas nas galerias das Câmaras mesmo depois de ter se apartado fisicamente do seu posto juvenil de observador parlamentar. Serão horas imaginárias essas, que a página da *Semana* recorda em 27 de novembro de 1892, mas nem por isso menos reveladoras de um Machado olheiro e ouvinte das sessões legislativas encaradas como representação. Temos a impressão do espetáculo e a respectiva reação do espectador. Nenhum conteúdo, só a forma da pura encenação. Nenhuma idéia, nenhum projeto sólido, só a qualidade sonora das falas: macias e polidas no Velho Senado; bulhentas na Câmara, "bonita agitação"; berradoras, enfim, na intendência republicana. O ouvinte adverte e pontua o crescendo que se deu com a passagem do tempo e dos regimes:

> O melhor que há no caso da intendência nova, é que ela mesma deu o exemplo, excitando-se de tal maneira que fez esquecer os mais belos dias da Câmara. Em minha vida de galeria, que já não é curta, tenho assistido a grandes distúrbios parlamentares; raro se terá aproximado das estrelas da nova representação do município. Não desmaie a nobre corporação. Berre, ainda que seja preciso trabalhar.

A construção cabal da figura do público, que só quer ver o espetáculo por si mesmo, está impressa na personagem de nome Calisto, à qual o autor dedica a "bala de estalo" de 10 de maio de 1885, véspera da apresentação do ministério Saraiva:

> Calisto só adora uma coisa mais do que as crises ministeriais, é a apresentação dos ministérios novos às câmaras. [...] Não atri-

buam a Calisto nenhuma preocupação política, pequena ou grande, nem amor ao Dantas ou ao Saraiva, ao projeto de um ou de outro, nem à grande questão que se debate agora mesmo em todos os espíritos. Importa-lhe pouco saber de um problema ou da sua solução; contanto que haja barulho, dá o resto de graça.

"FINANÇAS, FINANÇAS, SÃO TUDO FINANÇAS"; "... AFINAL, UM FASTIO QUE NUNCA MAIS ACABA"
A Semana, 9/10/1892

A República triunfou, mas não trouxe apenas vereadores ruidosos que deram o tom aos debates das novas intendências. Os tempos novos veriam também a ciranda financeira, o encilhamento, com a sua pletora de emissões, crédito luxuriante, jogatina, falências em cadeia. A cena política desloca-se da arena parlamentar para as companhias, os bancos, a Bolsa. Tudo é questão de mais ou menos papel-moeda.

Raymundo Faoro, em *Machado de Assis. A pirâmide e o trapézio*, reconstruiu miudamente esse período breve mas intenso do capitalismo brasileiro que, mediado pelo Estado, ensaiava temerariamente os primeiros passos no regime nascente. E junto ao desenho do quadro (o seu reflexo) vinham a marcação da perspectiva machadiana, a reflexão do intelectual que, diante do vale-tudo do dinheiro pelo dinheiro, se sentia ainda mais refratário e distante do que assentado nas galerias do teatro parlamentar. Estas, ao menos, o divertiam, o seu palco eram as Câmaras onde cada lance poderia ser aplaudido ou vaiado. O animal político fascinava o analista das paixões. Mas o puro *homo oeconomicus*, que a orgia financeira multiplicava, só causava tédio ao cronista de 1892 e voltará, anos depois, na pena do narrador de *Esaú e Jacó* ao descrever a figura do Nóbrega, o irmão das almas enriquecido nos jogos escusos do encilhamento.

Na composição da crônica de 9 de outubro a estilística do distanciamento é exemplar. A página abre-se com a menção ao mundo pesado dos banqueiros e aos processos movidos pelas vítimas dos golpes da Bolsa. A nota que o império da finança inspira ao cronista passa de "grave, soturna e trágica" a simplesmente "enfadonha". Analisando os parágrafos finais, reconhecemos a mesma matéria opressiva de que os jornais andavam saturados; e reitera-se a expressão do autor: "Afinal, um fastio que nunca mais acaba".

Entre o enfado da abertura e o enfado do epílogo, o que o cronista intercala para distraí-lo do prosaísmo do encilhamento? Comentários a duas mortes sentidas, a do poeta laureado Tennyson e a do ídolo da geração de Machado jovem, Ernest Renan. O que pode parecer jogo gratuito, cabriola ociosa, é, na verdade, salto estratégico.

Não poderia ser mais agudo o contraste entre o assunto aborrecido dos jornais (bancos, Bolsa, câmbio...) e a evocação do poeta idílico inglês ou do mago da linguagem cética, o criador daquele estilo "puro e sólido, feito de cristal e melodia". Tennyson e Renan, mortos e distantes, surgem próximos e vivos como feixes de luz, e a sua presença torna ainda mais plúmbea a atmosfera das políticas monetárias desencadeadas pelo ministro da Fazenda.

A realidade da inflação solta não é ignorada, nem poderia fazê-lo o cronista da *Semana*, por mais tediosa que lhe parecesse. Mas, ao transpô-la para a sua escrita, o autor elabora uma linguagem de distanciamento pela qual o sujeito se põe e se declara existencialmente alheio à conjuntura que tinha virado manchete em todos os jornais do país. O objeto próximo da história contemporânea é recortado, mencionado, mas posto fora do círculo do *eu*, ao mesmo tempo que a lírica de Tennyson e a prosa translúcida de Renan preenchem o desejo de beleza e de sentido do cronista.

> Em verdade, que posso eu dizer das coisas pesadas de uma semana remendada de códigos e praxistas, a ponto de algarismo e citação? Prisões, que tenho eu com elas? Processos, que tenho eu com eles? Não dirijo companhia alguma, nem anônima, nem pseudônima; não fundei bancos, nem me disponho a fundá-los; e, de todas as coisas deste mundo e do outro, a que menos entendo, é o câmbio. Não que lhe negue o direito de subir; mas tantas lástimas ouvi pela queda, quantas ouço agora pela ascensão, não sei se às mesmas pessoas, mas com estes mesmos ouvidos. Finanças, finanças, são tudo finanças.

Raymundo Faoro viu com agudeza o deslizamento do observador da nova sociedade para o cético formado pela escola do moralismo clássico.[1] Mais do que mero reflexo do quadro empírico, que os jornais presumem espelhar, a prosa machadiana é consciência reflexiva, trabalho da mente alerta que converte impressões do cotidiano em juízos de valor. O que está perto dos olhos é mediado pelo intervalo moral e estilístico, de tal maneira que o historiador que recolha da escrita machadiana só o puro documento de época arrisca-se a perder a dimensão mesma do seu sentido encurtando o alcance da interpretação. Sem o trabalho hermenêutico, o empirismo revela-se simplista.

Na crônica, aparentemente vagamunda e caprichosa, que fala primeiro do encilhamento, depois de Tennyson e de Renan, voltando enfim ao encilhamento, tudo quanto se suporia atual, matéria de imprensa, é afinal mortalmente enfadonho e, a rigor, não interessa ao foco narrativo: "Prisões, que tenho eu com elas?

Processos, que tenho eu com eles?". Mas o que acaba de morrer, o homem do pensamento e da palavra, ocupa inteiramente o espírito e o coração do cronista. Machado não era um jornalista provinciano e míope, nem a cultura letrada brasileira do seu tempo era marginal e incapaz de dialogar com as pontas de lança da inteligência do Ocidente.

MACHADO SEM FRONTEIRAS

> *Il mondo casca!*
> Cardeal Antonelli

> "Os alfaiates levarão muito tempo a medir e cortar a bela fazenda turca para compor o terno que a civilização ocidental tem de vestir."
> *A Semana*, 20/9/1896

Brito Broca, que conhecia as crônicas de Machado de cor e salteado, deu-nos alguns ensaios breves e lúcidos que enfeixou em *Machado de Assis e a política*.[2] É um livro cheio de observações agudas, ditas sem pretensão nem *parti pris* ideológico, pois não deseja provar nem que Machado foi alienado nem que foi o mais radical dos críticos da sociedade brasileira de todos os tempos. Brito Broca vai lendo e anotando aspectos vários da crônica machadiana sem puxá-la para esta ou aquela direção. O resultado é feliz: além da prosa limpa, isenta de extrapolações, o leitor ganha uma visão matizada da leitura que o cronista fazia dos desconcertos do mundo que, por serem próprios do "barro humano" (expressão de Machado), não se localizavam só nesta ou naquela nação nem seriam apanágio deste ou daquele povo.

A insanidade, as incoerências, a vaidade e a hipocrisia estavam largamente distribuídas pelo nosso planeta, embora, vivendo e escrevendo no Rio de Janeiro, era de esperar que Machado se detivesse de preferência nas mazelas que caíam sob os seus olhos curiosos. Mas o leitor dos jornais europeus e dos telegramas, que já chegavam numerosos e céleres no último quartel do século, não deixaria de comentar com o mesmo ceticismo os fatos de além-mar. Sem xenofobia nem eurocentrismo, o que mostra sua largueza de vistas e seu discernimento.

Brito Broca, depois de resenhar algumas crônicas locais, levanta o véu de uma escrita sem fronteiras no fecho do capítulo "A semana política de Machado". Cá e lá o mundo parecia cair, dando razão a certo cardeal romano que, ouvindo notícias alarmantes ou estranhas, exclamava: *Il mondo casca!*.

No Exterior, a seqüência dos quadros apresentava aspecto mais intranqüilo ainda. Prosseguia a luta pela independência de Cuba, esta última auxiliada pelos Estados Unidos contra a Espanha. Menelik fazia proezas na Abissínia. Jameson invadia o Transvaal, levando Machado a recordar a famosa frase de Pascal: "*La force est la reine du monde*"; anunciava-se o desmembramento da Turquia; e até na Coréia, nesse fim de século, havia uma guerra. "Não é mister dizer o que está fazendo a Coréia" — considerava o folhetinista. — "Agora há pouco matou tanto e de tal maneira que foi preciso matá-la também." Enquanto isso, o presidente da França fazia propósitos de paz. Francamente, o mundo varia muito pouco e isso é motivo para não nos desanimarmos ante as perspectivas nefastas. É o próprio Machado de Assis, aliás, que nos sugere essa lição de esperança. À página 184, diz ele: "Supunha o mundo perdido em meio a tantas guerras e calamidades, quando respirei aliviado: encerravam-se em Londres, com grande brilho as festas de Shakespeare".[3]

Esse mundo, que parece sempre à beira da ruína (é o sentido da frase do cardeal italiano: *il mondo casca!*), na verdade está sempre mudando de fisionomia, pois é próprio do tempo passar: "Os dias passam, e os meses, e os anos, e as situações políticas, e as gerações, e os sentimentos, e as idéias" (16 de junho de 1878).

Uma das formas historicamente visíveis dessa passagem incessante — cujo limite é a morte das instituições — é o que se chama, em sentido lato, modernização. Machado pôde assistir, ao longo do século XIX e no começo do século XX, a alterações vastas e profundas no cenário internacional, nos costumes, nas ciências da natureza e da sociedade, nas técnicas e em tudo o que entende com o progresso material. As mudanças foram extraordinárias, e o seu olhar as apreendeu tanto no ritmo célere do telégrafo quanto, mais lentamente, na transição do velho para o novo Brasil, do velho para o novo Rio de Janeiro. Em uma de suas últimas crônicas ele deplora a morte precoce de Heine, que, nascido em 1800, poderia ter vivido até o fim do século para presenciar a passagem do legitimismo da Santa Aliança ao anarquismo e ao niilismo... "Os dias passam... e as idéias."

A História, feita de paixões e interesses, não persegue valores éticos. A modernização raras vezes humaniza as relações humanas;[4] quase sempre degenera em competição entre nações pelo poder e pela riqueza e, como tal, aguça o pessimismo do cronista.

As guerras mencionadas por Brito Broca e lembradas nas crônicas dão sinais da loucura dos homens que não cessa com o tempo. Quanto ao século do progresso, com suas revoluções e reações, "anexações e desanexações", seus impérios e novas colônias, conheceria todo tipo de surpresas cruéis. A modernização imposta à África, ao Japão, às Filipinas, à Índia, à Rússia, à Turquia, à Grécia... não poupou o sangue das populações civis, que correu tão barbaramente como nos séculos das trevas.

A tudo o nosso olheiro, posto que bem informado, dá de

ombros, como fizera ao contemplar os desatinos nacionais do encilhamento:

> Guerras africanas, rebeliões asiáticas, queda do gabinete francês, agitação política, a proposta de supressão do senado, a caixa do Egito, o socialismo, a anarquia, a crise européia, que faz estremecer o solo, e só não *explode* porque a natureza, minha amiga, aborrece este verbo, mas há de estourar, com certeza, antes do fim do século, que me importa tudo isso? Que me importa que, na ilha de Creta, cristãos e muçulmanos se matem uns aos outros, segundo dizem telegramas de 25? E o acordo, que anteontem estava feito entre chilenos e argentinos, e já ontem deixou de estar feito, que tenho eu com esse sangue e com o que há de correr? (*A Semana*, 26 de abril de 1896).

Lucidez extrema e extremo distanciamento parecem dar-se as mãos nessas interrogações desdenhosas: "Que tenho eu com esse sangue?", "Que me importa?".

O auge da expansão imperialista européia coincidiu com o clímax da ideologia do progresso, de que as exposições industriais e universais e a *Belle Époque* seriam testemunhos ostensivos. Não por acaso, as políticas colonizadoras dos Estados valiam-se de discursos lastreados pela crença na civilização, palavra-chave da época. Não se tratava absolutamente de discursos de periferia, aos quais é sempre fácil atribuir o monopólio do despautério. Eram sortidas bélicas do centro mundial do poder, de onde irradiaram as novas investidas conquistadoras. O cronista, atento ao telégrafo, não perde nem os fatos nem o seu teor violento: "Agora a Itália é um grande reino que já não fala a poetas, apesar do seu Carducci, mas a políticos e economistas, e entra a ferro e fogo pela África, como as demais potências européias" (8 de março de 1896).

A ferro e fogo. A percepção do novo colonialismo vestido com as razões do progresso não poderia ser mais nítida. Os males, de resto, não conheciam fronteiras, explodindo conflitos desumanos em toda parte.

> Mas vede as matanças de cristãos e muçulmanos em Constantinopla. O cabo tem contado cousas de arrepiar. Na capital turca empregaram-se centenas de coveiros em abrir centenas de covas para enchê-las com centenas de cadáveres. Não nos dizem, é verdade, se na morte ao menos foram irmanados cristãos e maometanos, mas é provável que não. Ódio que acaba com a vida não é ódio, é sombra de ódio, simples e reles antipatia. O verdadeiro é o que passa às outras gerações, o que vai buscar a segunda no próprio ventre da primeira, violando as mães a ferro e fogo. Isto é que é ódio. O provável é que os coveiros tenham separado os corpos, e será piedade, pois não sabemos se, ainda no caminho do outro mundo, o Corão não irá inticar com o Evangelho. Um telegrama de Londres diz que Istambul está sossegada; ainda bem, mas até quando?
>
> Também começaram a matar nas Filipinas, a matar e a morrer pela independência como em Cuba. A Espanha comove-se e dispõe-se a matar também, antes de morrer. É um império que continua a esboroar-se, pela lei das cousas, e que resiste. Assim vai o mundo esta semana; não é provável que vá diversamente na semana próxima (*A Semana*, 6 de setembro de 1896).

Que o feio espetáculo das empresas humanas não conheça fronteiras nacionais, é o que dizem várias crônicas tendo por base os telegramas e os jornais europeus que chegavam regularmente ao Rio de Janeiro. Mas que a prática do *canibalismo* pudesse encontrar-se não só entre bugres como também entre civilizados no fim do século XIX, eis uma verdade dura de engolir! Mas é exatamente o que registra a crônica de 1º de setembro de 1895. Convém analisar a sua composição.

As frases de abertura narram candidamente atos de antropofagia perpetrados por um professor inglês que devorou várias crianças em uma escola de nativos da Guiné. A conduta do mestre-escola britânico é encenada e racionalizada nos seguintes termos:

> Pode ser que o professor quisesse explicar aos ouvintes o que era o canibalismo, cientificamente falando. Pegou de um pequeno e comeu-o. Os ouvintes, sem saber onde ficava a diferença entre o canibalismo científico e o vulgar, pediram explicações; o professor comeu outro pequeno. Não sendo provável que os espíritos da Guiné tenham a compreensão fácil de um Aristóteles, continuaram a não entender, e o professor continuou a devorar meninos. É o que em pedagogia se chama "lição de cousas".
>
> Dado que a razão fosse essa, o professor afinal "sacrificou-se", "com o fim de civilizar gentes incultas", "por amor ao ensino, dedicação à ciência, à nobre missão do progresso e da cultura".

O sarcasmo rege cada palavra do período, e tudo vem a dar na sátira de uma civilização tida por superior à dos povos colonizados. O intertexto é a célebre proposta que Swift (mais um moralista do século XVIII) fez aos ingleses do seu tempo: já que as crianças irlandesas nascem em número infinito, e a sua criação é onerosa para o reino, que sejam assadas e comidas, tornando-se assim úteis ao bem público, além de nutritivas e saborosas. Na boca escarninha do deão irlandês a antropofagia aparece como uma ação justificável e até mesmo benemérita. Mas, voltando os olhos para o Brasil de 1890, o nosso cronista dá notícia de alguns casos de canibalismo ocorridos em Salinas, vilarejo perdido nas Minas Gerais. Bárbaros embora, esses atos comparam-se aos golpes do encilhamento de 1890-91: "Comiam-se aqui também uns aos outros, sem ofensa do código — ao menos no capítulo do assassinato". Cá e lá...

A típica oposição civilização *versus* barbárie, formulada no século XIX pelos arautos do novo colonialismo, desfaz-se sob os golpes da escrita machadiana. Ergue-se a cortina de veludo que ocultava hipocritamente a cena de horror. A barbárie aparece como o fundo comum da história dos povos: "Quando voltar o costume da antropofagia, não há mais que trocar o 'amai-vos uns aos outros' do Evangelho, por essa doutrina: 'Comei-vos uns aos outros'. Bem pensado, são os dois estribilhos da civilização".

O que distingue a barbárie manifesta no sertão de Minas da praticada pelo professor inglês é, exclusivamente, a possibilidade de dar a esta última uma "explicação" que, apesar de absurda e desumana, vem articulada em termos de discurso arrazoado. O cerne da sátira de Machado, como da proposta de Swift, incide no próprio teor da argumentação que justifica a bestialidade promovida por amor da civilização. *Il mondo casca*, mas o espetáculo continua.

No capítulo bem menos sinistro da venalidade eleitoral, Lélio, em bala de estalo de 5 de outubro de 1884, registra consternado a recomendação, feita pelo ministro da Justiça, de não mais se distribuírem patentes da Guarda Nacional até a eleição seguinte. A instrução oficial era uma admissão pública da compra e venda do voto em todo o Brasil. Representação parlamentar viciada em estilo tipicamente brasileiro? Sim e não. Sim, pelo conteúdo: as distinções de major e coronel da Guarda Nacional eram costumes locais. Não, quanto ao espírito e à forma: Lélio nos conta que Luís Filipe, rei no regime liberal parlamentar da França entre 1830 e 1848, teria induzido os eleitores a vender as suas adesões "por meio de concessões de casas de tabaco". Nessa altura, como de outras vezes, o cronista passa de perplexo a simplesmente jocoso: as tabacarias trocadas pelo voto do eleitor francês eram bem reais, mas as patentes de coronel desacompanhadas dos seus respectivos batalhões seriam puramente abstratas e nominais. Por que, então, não sorteá-las pela loteria da Corte? A proposta, embora engenhosa, provavelmente não satisfaria aos candidatos do governo, que desejavam traficar votos seguros, bem contados, personalizados.

A farsa eleitoral dos regimes parlamentares nos reconduz à visão do teatro político, que é nacional e internacional. Aquém e além do Atlântico os seus estilos podem ser altos ou baixos. Baixo é, de vez em quando, o modo inglês, sempre que as discussões na Câmara dos Comuns acabam em sólidos murros; o que também acontece na Câmara Municipal do Rio de Janeiro, onde há conflitos que se resolvem à unha. "O murro é inglês", pondera Machado, "mas se imitamos dos ingleses as duas câmaras, o chefe de gabinete, o voto de graças, as três discussões e outros usos políticos de caráter puramente nervoso, por que não imitaremos o murro, o sadio murro, o murro teso, reto, que tira melado dos queixos e leva convicção às almas?" (2 de julho de 1883). Haverá, porém, nativistas que, repelindo os costumes exóticos, preferem a "vara de marmelo da infância", também chamada "camarão"... Assim fazendo, conservam os salutares hábitos dos seus antepassados.

Quanto ao estilo alto, não por acaso vem também de Londres. A rainha é louvada pelo *lord chief of justice* em um banquete oferecido ao ator Irving: o nobre ministro não encontra melhor elogio do que comparar o papel majestático de Vitória ao de atriz "no tablado dos negócios humanos, representando com graça, com dignidade, com honra e com uma nobre simpleza" (15 de agosto de 1883).

Considerando que representar é parecer, ainda melhor do

que ser (conclusão já tirada no conto "O segredo do bonzo"), o cronista acabará um belo dia elencando os tópicos e os tropos que os atores parlamentares deverão recitar nas ocasiões adequadas. A retórica vem da Europa, velha de séculos, mas há sempre oportunidades novas de usá-la, e o público que se agita nas galerias não pede mais que esses brilhos e essas casacas de empréstimo úteis como as frases de Spencer, de Comte, de Leroy-Beaulieu etc... (10 de julho de 1883). A aliança de teatro e retórica vem de longe, e os debates parlamentares apenas a atualizam. Cá e lá.

AS FORMAS DO PASSADO E A FORÇA DA NATUREZA

> *La force est la reine du monde.*
> Pascal

> "Mas que é a natureza senão uma arte anterior?"
> *A Semana*, 18/10/1894

O que dizer do juízo machadiano segundo o qual o mundo contemporâneo seria menos poético do que os tempos de outrora? Tudo leva a supor a insinuação de certa dose de ambivalência nas passagens em que o cronista lastima, meio irônico, meio nostálgico, a troca dos velhos costumes otomanos pela casaca parlamentar adotada na moderna Turquia. Comentando o fim da Sublime Porta e dos requintes do sultão e seu harém, Machado exclama como se fosse um renitente saudosista: "Dou começo à crônica no momento em que o Oriente se esboroa e a poesia parece expirar às mãos grossas do vulgacho. Pobre Oriente! Mísera poesia!" (1º de julho de 1876).

Não sendo plausível crer que Machado preferisse o despotismo milenar ao liberalismo dos reformadores turcos, fica o sentimento de que o autor, não conseguindo ver poesia na "nova mutação de cena em Constantinopla", se compraz em registrar o caráter perecível das crenças e dos regimes: "Vão-se os deuses e com eles as instituições". A morte destas não traz forçosamente bem nem mal: apenas sugere-se que a poesia de outrora se está desfazendo com o triunfo da modernização política. A beleza da tradição sucumbe à força das mudanças ideológicas. "Mas o que eu apuro de tudo o que nos vem pelo cabo submarino e vapores transatlânticos é que o Oriente acabou e com ele a poesia."

Que haja poesia e beleza nas formas plasmadas no passado, abstração feita da violência daqueles tempos (persistente, aliás, no século XIX) — é a opinião reiterada nas páginas da *Semana*. É o caso de seguir o rastro das reflexões aparentemente nostálgicas do cronista para captar o seu significado.

A idéia de que o passado, enquanto estágio arcano da humanidade, guardaria em seus mitos e sagas o segredo do belo ingênuo e vivo é um topos que data, pelo menos, do século XVIII. Vico e Rousseau conceberam-no de diversos modos: dele nutriu-se o Romantismo emprestando-lhe, pela reflexão estética de Schiller e de Leopardi, vigorosas formulações.[5] Para desconforto dos reducionistas, é conhecida a passagem da *Introdução à crítica da Economia política*, em que Marx se mostra perplexo em face do encanto que a arte grega ainda desperta em plena era das ferrovias e dos transatlânticos. E é a mesma hipótese viquiana da permanência milenar da fantasia mítica, própria da infância do gênero humano, que comparece no discurso do materialista dialético.[6] Veio depois a sociologia da cultura, fértil em hipóteses historicistas, e viu na saudade dos belos tempos de antanho a defesa de grupos sociais tradicionais em face da maré capitalista, utilitária e prosaica. Entre nós, afunilando o contexto, o weberiano Raymundo Faoro entreviu um certo Machado de Assis avesso à hegemonia do dinheiro e dos endinheirados que os anos do Encilhamento trouxeram, alijando os antigos e decorosos costumes da ordem estamental.[7]

Se, por um lado, os estímulos que agiram sobre o cronista, os fatos nus e crus do jogo econômico, invadiam o seu cotidiano, ocupando as páginas da *Semana*, a reação moral e estética do escritor Machado de Assis alimentava-se da tradicional antipatia ao burguês filisteu, ao homem do lucro e do negócio, que se chamaria Procópio Dias, Cotrim ou Palha no universo da sua ficção.

Das culturas européias, plasmadas antes da modernização avassaladora do fim do século, vinham imagens de formas pregnantes, inteiras e fortes, que puderam tomar corpo e resistir por longo tempo porque o "desencantamento do mundo" ainda não tolhera o vigor da criação. Homero e Platão, Dante e Shakespeare, Leonardo e Rafael, Mozart, Beethoven e o olímpico Goethe já não seriam possíveis sob a rotina pedestre das sociedades contemporâneas. Restava a ópera, exceção que confirmava a regra geral. O Machado cético cede às vezes ao Machado artista que, na esteira de seus mestres de desengano, Leopardi e Schopenhauer, não deixará de encantar-se com a beleza sempar daquelas obras capazes de sobreviver na memória dos homens ainda sensíveis ao seu fascínio.

Como a Natureza, a arte é poderosa, fecunda e criadora das suas próprias formas e leis. E como a Vida, os seus fins situam-se aquém do bem e do mal dos homens, ignorando as veleidades concebidas pelos mortais: daí viria o segredo da sua perpetuidade em um universo em que a regra é a usura do tempo.

A morte de Tennyson e a de Renan afetam o cronista de tal modo que vêm a reduzir-se a nadas fastientos os vaivéns da Bolsa, as emissões dos bancos, as jogatinas do Encilhamento. No plano internacional a reação de Machado será exatamente a mesma. Comentando um telegrama datado de Londres, de 24 de abril de 1896, que trazia a notícia do término das festas de Shakespeare, o cronista resenha com desdém as turbulências políticas que àquela altura comoviam o planeta, para depois compará-las com a perenidade do dramaturgo inglês, em termos que não poderiam ser mais assertivos: "Terminaram as festas de Shakespeare…". O telegrama acrescenta que

> o delegado norte-americano teve grande manifestação de simpatia. A doutrina Monroe, que é boa, como lei americana, é cousa nenhuma contra esse abraço das almas inglesas sobre a memória do seu extraordinário e universal representante. Um dia, quando já não houver império britânico nem república norte-americana, haverá Shakespeare; quando se não falar inglês, falar-se-á Shakespeare. Que valem então todas as atuais discórdias? O mesmo que as dos gregos que deixaram Homero e os trágicos. [...] Que valem todas as expedições de Dongola e do Transvaal contra os combates de Ricardo III? Que vale a caixa egípcia ao pé dos três mil ducados de Shylock? O próprio Egito, ainda que os ingleses cheguem a possuí-lo, que pode valer ao pé do Egito da adorável Cleópatra? Terminaram as festas da alma humana (26 de abril de 1896).

Seria gratuita e inexplicável a resistência milenar das grandes obras da poesia e da arte *contra* (a preposição é usada por Machado) as instituições e a cena política de ontem e de hoje? A História esvazia-se de sentido, ao passo que Homero, os trágicos e Shakespeare preenchem os valores autênticos a que pode aspirar a alma humana. Na verdade, a sobrevida da arte não se acha, em nosso autor, dependurada no puro arbítrio do leitor apaixonado. O que sustenta o valor da obra de ficção é o seu firme nexo com a *força*, a verdadeira rainha do mundo, na palavra grave de Pascal; a força, que tem por sinônimos natureza e vida. A relação fundante entre arte e realidade é concebida por Machado em termos que ultrapassam de longe o espelhamento miúdo e restrito dos fatos da crônica de jornal pelo criador de ficção. Os fatos apenas comprovam à saciedade os recursos de que se vale a força, "rainha do mundo". O que o romance transpõe e estiliza é o jogo mesmo do destino de homens e mulheres que estão presos ao instinto de conservação, querem viver e querem poder, mas trazem no corpo e na alma o estigma da precariedade. Veleidades de amor, veleidades de fama, tudo veleidade, para melhor rimar com a sentença do Eclesiastes. Só a força, causa primeira da existência, não passa. Contraponto único da inconsistência dos projetos humanos, foi a ela que Napoleão concedeu a exceção à palavra bíblica:

> Vaidade das vaidades, e tudo é vaidade. Napoleão emendou um dia essas palavras do santo livro. Foi justamente em dia de vitória. Quis ver os cadáveres dos velhos imperadores austríacos, foi aonde eles estavam depositados e gastou largo tempo em contemplação, ele, imperador também, até que murmurou, como no livro: "Vaidade das vaidades, tudo é vaidade". Mas, logo depois, para corrigir o texto e a si, acrescentou: "Exceto talvez a força". Seja ou não exata a anedota, a palavra é verdadeira (4 de agosto de 1895).

E o que restaria da História feita por homens e mulheres que a Natureza produz, reproduz e desfaz em seu eterno retorno? Resta a memória do belo que, por atalhos obscuros, talvez inconscientes, atingiu o segredo da força e o revelou sob as espécies da forma artística. Arte: força criadora de formas. Mas à medida que a consciência da própria finitude vem minando por dentro o ofício do poeta, também as suas ficções acabam perdendo o viço das antigas sagas e epopéias, cobrindo-se agora com o véu da melancolia. Esta é a condição prosaica do narrador moderno, e outra coisa não diriam os que mais fundo a penetraram, de Croce a Lukács, de Benjamin a Adorno. A idéia já estava (mas sem negrume de pessimismo) no mestre de todos, o sempre jovem velho Hegel: "Se, agora, voltarmos o olhar para o mundo atual, com as condições evoluídas de sua vida jurídica, moral e política, somos obrigados a constatar que as possibilidades de criações ideais são muito limitadas".[8]

VOLTANDO À CENA: AS FIGURAS DO DECORO E O SEU DÉCOR

Poucas expressões haverá na linguagem crítica que tenham sido objeto de tanto menosprezo como a mal-afamada "torre de marfim", com que se procura acusar a conduta alienada de pessoas e instituições fechadas em si mesmas. No entanto, para perplexidade de todos os que admiramos o maior dos nossos escritores, Machado de Assis empregou-a como elogio e norma da Academia Brasileira de Letras na sessão de 7 de dezembro de 1897, quando se encerravam os trabalhos de seu primeiro ano de vida. O contexto era a proposta dos planos que a Academia deveria cumprir no ano seguinte, e que cabia ao presidente formular:

> Nascida entre graves cuidados de ordem pública, a Academia Brasileira de Letras tem de ser o que são as associações análogas: uma torre de marfim, onde se acolham espíritos literários, com a única preocupação literária, e de onde, estendendo os olhos para todos os lados, vejam claro e quieto. Homens daqui podem escrever páginas de história, mas a história faz-se lá fora.

Lembrava, em seguida, a exemplar deferência com que Napoleão, agradecendo a eleição de membro do Instituto de

França, dissera aos confrades que seria por muito tempo "seu discípulo"... Napoleão era então um moço de vinte e oito anos; Machado, ao proferir aquelas palavras de devoção exclusiva à literatura, estava chegando aos sessenta.

A questão é delicada, inimiga de patrulhas e igualmente avessa a fetichismos. Machado de Assis manifestou coerentemente, em toda a sua longa vida de escritor, propensão para o decoro. Traço de caráter que todos os biógrafos constataram, e a intuição psicológica de uma fina estudiosa de sua pessoa e obra, Lúcia Miguel Pereira, procurou compreender em termos de autodefesa existencial do mulato pobre e enfermiço a que só o mérito e uma conduta sóbria e discreta ofereceriam alguma chance de ascensão social. O amor ao decoro evitaria que a intimidade frágil e vulnerável recebesse os golpes da esfera pública e de suas formas diretas ou oblíquas de dominação.

Raymundo Faoro, no estudo mencionado, tenta ir mais longe: Machado nasceu e cresceu em um contexto social e político cujo valor conquistado fora a estabilidade. Garantiam-na a instituição monárquica e um sistema parlamentar imitado da França e da Inglaterra, respeitoso das praxes e das fórmulas. Sociedade ciosa de seus estamentos e hierarquias, embora ainda não enrijecida pelos séculos; sociedade de bacharéis que, por sua vez, secundavam os interesses e as aspirações de classes, como as oligarquias agrárias e os donos do comércio exportador, ou de *grupos de status*, como a magistratura, o exército, o clero, a burocracia da corte.

Mesmo fazendo oposição, o liberalismo possível nos primeiros decênios do Segundo Reinado não poderia deixar de ser excludente, apoiado como estava na eleição censitária, na esteira do sistema eleitoral da Restauração.[9] As tiradas retóricas que, vez por outra, se ouviram na Câmara, investindo contra o "poder pessoal" do imperador, não abalariam, a rigor, o cerne do sistema político nem o seu funcionamento. Quanto ao roteiro ideológico de Machado de Assis, exceção feita a seus primeiros escritos de jornalista parlamentar (as crônicas liberais dos anos 60), não se caracterizou pela veemência direta de opositor indignado. O tom de suas observações foi baixando e a ironia substituiu a franca acusação à medida que o cronista descria de toda política, nacional ou estrangeira, embora sempre o atraísse o cenário onde deputados e senadores desempenhavam os seus papéis.

Não me parecem ainda suficientemente esclarecidas as causas da mudança de perspectiva e de tom do Machado jovem (de 1860 a 1866) para o Machado maduro, tal como já se revela nas crônicas dos fins dos anos 1870 em diante. No seu excelente *A juventude de Machado de Assis*, Jean-Michel Massa elenca alguns temas liberais ardentemente defendidos nas crônicas do *Diário do Rio*: a eleição direta não censitária, pois o censo pecuniário aí aparece como "injusto e odioso" (a sua abolição na França só se dera em 1848, sessenta anos depois da Revolução); o repúdio à intervenção militar francesa no México; a denúncia da ditadura de Solano López e o apoio à Guerra do Paraguai, tida por uma cruzada pela liberdade do povo irmão. Eram enérgicos os seus ataques aos conservadores e à imprensa clerical, então entranhadamente reacionária.

Onde e quando identificar o momento da cesura, o divisor de águas?

A conhecida confissão da "perda de todas as ilusões sobre os homens", mencionada pela biógrafa Lúcia Miguel Pereira, data a crise de 1879; mais precisamente, dos meses de doença que precederam a redação das *Memórias póstumas de Brás Cubas*. Machado entrava na casa dos quarenta anos.[10]

No estudo citado, Massa recorta um primeiro período de ruptura no final dos anos 1860. A leitura sociológica tende a encarecer certos fatores da ascensão de Machado na escala social que teriam amortecido a sua paixão política juvenil: o ingresso no funcionalismo (foi nomeado adjunto de diretor do *Diário Oficial* em 1867); o desligamento da militância do *Diário do Rio* (1867); a recepção do título imperial de Cavaleiro da Ordem da Rosa (1867); enfim, o seu casamento com Carolina Augusta Xavier de Novais, filha de um casal da burguesia portuense.

Um leitor atento de toda a obra de Machado, Eugênio Gomes, adverte que a supremacia do moralista "observa-se melhor a partir da década de 70, em que a prática do 'despropósito' humorístico passara a dar outro timbre às reações morais do escritor".[11]

As várias hipóteses sobre a gênese do Machado maduro, cético e "clássico", embora plausíveis, não dão conta da profundidade da mudança, que foi estrutural: ideológica, estilística e, em senso lato, existencial. Assim, impõe-se ainda o fenômeno da descontinuidade. Como sucedeu com uma personagem absolutamente machadiana, o Joaquim Fidélis do conto "Galeria póstuma", "há razões para crer que, de certa data em diante, foi um profundo cético, e nada mais". E Otto Maria Carpeaux viu em Machado de Assis um dos raros *twice born* de nossa história literária.

Será possível (hipótese a ser testada) dizer que o agnosticismo religioso e sobretudo a desilusão político-partidária tenham prenunciado o ceticismo ideológico e existencial de longo alcance que viria a caracterizar o autor das *Memórias póstumas* e dos *Papéis avulsos*. Nesse caso, a ruptura se teria dado em dois tempos: no final dos anos 1860, com a cessação do engajamento ostensivo do jornalista; e dez anos mais tarde, quando a crise se interioriza e penetra o cerne da sua linguagem narrativa.

De todo modo, a admissão de duas fases na trajetória de

Machado não é invenção da crítica: a idéia de mutação comparece no prefácio à segunda edição de *Helena* (1905), revelando a consciência de clivagem que o escritor reconhecia na sua biografia literária.

Acontecimentos cruciais como a crise de 1868-71, que culminou na batalha em torno do projeto da Lei do Ventre Livre, a eleição direta, a Lei Áurea, a propaganda e a proclamação da República, a revolta da esquadra e a campanha sangrenta de Canudos assumiriam, na sua prosa lúdica e desencantada, a forma de espetáculos.[12] O cronista tudo observava, mas perdera o entusiasmo que o empolgara nos anos de juventude.

O VELHO SENADO

"Se valesse a pena saber o nome do cemitério, iria eu catá-lo, mas não vale; todos os cemitérios se parecem."

Ficou antológica a sua evocação do Senado dos anos 1860, que ele conhecera de perto como redator do *Diário do Rio de Janeiro*. "O Velho Senado" é uma crônica longa, elaborada frase a frase pela estilística do distanciamento. São lembranças de juventude enfeixadas trinta e tantos anos depois que Machado fora testemunha ocular das sessões públicas daquele colegiado poderoso, mas discreto.

O pesquisador de nossa história política terá de cavar e escavar duramente para extrair dessas páginas de engenho e arte o objeto mesmo do seu estudo, ou seja, o drama vasto e concreto da História e da Política. Em compensação, o leitor da nossa melhor prosa memorialista se deleitará com figuras de políticos e suas histórias. Mal entreverá os projetos, as lutas e as contradições daqueles homens públicos, liberais ou conservadores; em compensação, não esquecerá alguns traços de suas fisionomias, alguns gestos e cacoetes que os marcaram, o tom e o timbre da voz com que discursaram. *Materiam superabat opus.*

O observador aqui é, antes de tudo, o artista consumado que a boa escola do realismo francês ajudou a formar. É o narrador solerte que conhece o valor do detalhe e sabe que um altear de cabeça, um acenar de mão, a cara rapada, os sons guturais de uma voz irritada, os ouvidos moucos, os dedos que puxavam os punhos da camisa, as suíças e os bigodes brancos, um olhar de soslaio, um riso franco ou contido podem valer como a metonímia da figura inteira. Ao artista interessa o que o cientista tem por inefável: o indivíduo.

Revisitando na memória o Senado de 1860, o cronista quis demarcar escrupulosamente o seu campo de visão. Não se propunha apresentar os antigos parlamentares como o faria o político ou o historiador de profissão, mas apenas como "um simples curioso que não descobre mais que o pinturesco do tempo e a expressão das linhas com aquele tom geral que dão as cousas mortas e enterradas". Oxalá aprendêssemos com o próprio Machado a reconhecer os limites precisos que ele se impusera e de que se mostra tão consciente! O cronista sabe e afirma com todas as letras que não é historiador e tampouco faz obra de político: "Um político, tornando a ver aquele corpo, acharia nele a mesma alma dos seus correligionários extintos, e um historiador colheria elementos para a história". Mas o interesse do artista está voltado para os atores com seus meneios e palavras, e para a cena com o seu *décor* e decoro.

A primeira impressão forte que recebeu no Senado o "adolescente espantado e curioso" (o Machadinho do *Diário* mal chegara à casa dos vinte anos) foi precisamente a da compostura daqueles homens que, entre um café e uma pitada de rapé, sabiam "governar com mão de ferro este país". Eram meio homens, meio instituições. Tinham atravessado, em cena aberta, momentos penosos, "apodos e chufas que a paixão política desferira contra alguns deles", mas acabaram compondo um aspecto sobranceiro, que ia do olhar desafiador à soberba indiferença.

O cronista lembra, a propósito, os nomes de três ministros, Paranaguá, Sinimbu e o visconde de Ouro Preto. Vêm-lhe à memória os nomes, mas sobretudo a capacidade, que sempre demonstraram, de "não perder a linha". Foram nisso mestres, e pouco mais saberá deles o leitor da crônica. Caso deseje entender o que acontecia por trás do aprumo dos gestos, deverá abrir um livro de história política, de preferência *Um estadista do Império*, inédito àquela altura, mas que Machado cita e louva, pois conhecia o teor do que estava sendo escrito por seu amigo dileto, Joaquim Nabuco. Reconstruindo a vida do pai, o senador Tomás Nabuco de Araújo, o líder abolicionista pontuava a relação entre os discursos e a realidade viva e contraditória do Segundo Império. Nas Câmaras e no mesmo velho Senado ecoava também o Brasil real, desde a comoção da Praieira, as divisões intra-oligárquicas, até os episódios cruentos da Guerra do Paraguai, tomando como pano de fundo uma sociedade presa ao regime escravista e a uma representação viciada que os "novos liberais" tentavam corrigir. Tudo isto cabe ao historiador descobrir atrás da expressão machadiana "paixão política".

Nesta ordem de observações é exemplar o tratamento dado pelo narrador a um episódio que exibe, num relance, o processo eleitoral do Império em um de seus aspectos mais vulneráveis. Relembrando a campanha vitoriosa dos liberais nas eleições de 1860, o cronista retém a impressão que lhe fez um "obscuro votante" do primeiro turno que se aproximou de Teófilo Otôni mostrando-lhe um maço de cédulas furtadas a um cabo eleitoral adversário... O ato em si era reprovável e poderia dar margem a críticas acerbas do vale-tudo partidário do tempo. Machado, porém, contenta-se em fixar para o leitor tão-só o riso do transgressor, "a boca sem nome, acaso verídica em tudo o mais da vida". E, se alguma palavra mais severa lhe acontece cair no curso da narração — "as mais claras águas podem levar de enxurro alguma palha podre" —, logo sobrevém a errata que tudo relativiza apagando o rastro da eventual censura: "se é que é podre, se é que é mesmo palha". Duvidaria o cronista do próprio rigor ético que o levara a chamar de *palha podre* o furto das cédulas? Assim faria o Conselheiro Aires no *Memorial*: avançando e retrocedendo, descobrindo e encobrindo ("os dois verbos da diplomacia"), para afinal neutralizar seja o reproche, seja o louvor talvez excessivos. A estilística do distanciamento e da atenuação aproxima a crônica e a narrativa literária.

Há também retratos ou, melhor dizendo, perfis traçados com mão de hábil desenhista. Os vultos de Zacarias, Montezuma e Paranhos são revividos em pleno debate parlamentar. Mas trata-se de rasgos psicológicos peculiares ao desempenho oratório. O cronista omite sistematicamente os conteúdos que se valeram dessa retórica, deixando ao historiador a compreensão do drama político que os discursos traziam à tona. No caso de cada um deles, o drama não seria de somenos, pois cada um, em tempos diversos, entrou fundo em temas candentes. Assim, o Poder Moderador, fiel do Império, foi objeto de um ensaio polêmico de Zacarias de Góis e Vasconcelos; talvez nenhuma outra apologia do preceito monárquico-parlamentar — "o rei reina, mas não governa" — tenha agitado tanto as águas do longo período imperial.[13]

Quanto à chamada por eufemismo "questão servil", conhece-se a luta precoce e coerente de Montezuma, ou seja, Francisco Gê Acaiaba de Montezuma, visconde de Jequitinhonha, mulato ilustrado, que o nosso cronista timbra em descrever com suíças e bigodes brancos. Foi deste filho de traficante negreiro a voz abolicionista que primeiro se ergueu no Instituto dos Advogados, precedendo de muito a feitura do projeto de libertação dos nascituros que faria a glória de Paranhos, futuro visconde do Rio Branco. Que farto material para uma história política, no caso, Política com "p" maiúsculo!

Machado, falando de cada um deles, cinge-se a esta ou àquela anedota, a este ou àquele dito espirituoso, tendendo ao ferino. A linguagem é peculiar antes ao desenhista de perfis que ao historiador que avalia a complexidade dos processos sociais no fundo das ações individuais. O *décor*, o cenário ideal para aquele teatro de imagens, quase sombras, era o velho Senado. Daí, o caráter espectral com que finda a sua evocação. A última visão é a de um corredor escuro por onde vão desaparecendo, um a um, os seus antigos ocupantes. Quem fecha a porta da casa é um homem de capa preta, meias de seda preta, calções pretos e sapatos de fivela. Mensageiro alegórico da morte, o porteiro do Senado abria e cerrava o prédio nas ocasiões solenes:

> Quanta coisa obsoleta! Alguém ainda quis obstar à ação do porteiro, mas tinha o gesto tão cansado e vagaroso que não alcançou nada; aquele deu volta à chave, envolveu-se na capa, saiu por uma das janelas e esvaiu-se no ar, a caminho de algum cemitério, provavelmente. Se valesse a pena saber o nome do cemitério, iria eu catá-lo, mas não vale; todos os cemitérios se parecem.

A morte não selava apenas o destino dos senadores igualando-os na hora final. Feriu com a mesma pontualidade a homens de ação enrijecidos em combates mais perigosos do que os travados na arena parlamentar: Saldanha da Gama e Floriano Peixoto foram-se no espaço de uma semana; e o cronista não esconde a surpresa de assistir aos funerais sucessivos dos dois inimigos implacáveis, o revoltoso da Esquadra e o marechal de ferro que o subjugara:

> Não me cabe narrar o que esta cidade viu ontem por ocasião de ser conduzido ao cemitério o cadáver de Floriano Peixoto, nem o que vira antes, ao ser ele transportado para a Cruz dos Militares. Quando, há sete dias, falei de Saldanha da Gama e dos funerais de Coriolano que lhe deram, estava longe de supor que, poucas horas depois, teríamos a notícia do óbito do marechal. O destino pôs assim, a curta distância, uma de outra, a morte de um dos chefes da rebelião de 6 de setembro e a do chefe de Estado que tenazmente a combateu e a debelou.
> A história é isto. Todos somos os fios do tecido que a mão do tecelão vai compondo, para servir aos olhos vindouros, com os seus vários aspectos morais e políticos. Assim como os há sólidos e brilhantes, assim também os há frouxos e desmaiados, não contando a multidão deles que se perde nas cores de que é feito o fundo do quadro (*A Semana*, 7 de julho de 1895).

O EQUÍVOCO E AS ILUSÕES DOS REPUBLICANOS

> "Eu, se fosse imperador, a primeira coisa que faria era ser o primeiro cético do meu tempo."
> *Balas de estalo*, 16 de maio de 1885.

Os espectros do velho Senado sumiram por aquele corredor escuro onde não há caminho de volta, a não ser quando o percorram os passos da memória.

Mas, ao lado dos saquaremas e dos luzias, começaram a aparecer os republicanos. Machado conheceu de perto vários deles, e a alguns dedicou respeito e amizade: Quintino Bocaiúva, Lafayette Rodrigues Pereira (que o defendeu das diatribes de Sílvio Romero), Saldanha Marinho, Lúcio e Salvador de Mendonça, Veríssimo, Bilac, Raimundo Correia, Rui... No entanto, a propaganda republicana, que começara formalmente com o Manifesto de 1870, só lhe inspirou um malicioso apólogo... persa como as *Lettres* de Montesquieu.

O apólogo vem narrado na crônica de 11 de agosto de 1878. No fim da sua primeira década o republicanismo ainda mostrava alcance modesto, apesar do avanço eleitoral registrado pelo cronista: "Desta vez parece que o Partido Republicano fez uma entrada mais solene no pleito eleitoral: lutou sozinho em alguns pontos; em outros, lutou com alianças; resultando-lhe dessa política algumas vitórias parciais".

Em geral, espera-se dos apólogos que encerrem uma mensagem a ser decifrada ao cabo da narrativa. Nesta crônica, porém, o autor antecipa a chave da alegoria: "O Partido Republicano, não obstante as convicções dos seus correligionários, nasceu principalmente de um equívoco e de uma metáfora: a metáfora do poder pessoal; e a este respeito contarei um apólogo... persa".

O equívoco e a metáfora serão ilustrados pela história de um rapaz de Teerã, "grande gamenho e maior vadio", adjetivos que, postos na cabeça do apólogo, traem o olhar depreciativo que o narrador lança ao grêmio alegorizado. É jovem, pois nascera havia bem pouco; é gamenho, termo que se dava aos rapazelhos janotas, e a alusão terá sabor de classe alta, como era a dos fazendeiros e profissionais liberais que ostentavam idéias republicanas; enfim, o rapaz é vadio, atributo que situa em uma esfera semântica negativa o partido que vinha contestar o regime.

A cláusula intercalada — "não obstante as convicções dos

seus correligionários" — significa, ao mesmo tempo, uma concessão aos partidários sinceros da causa (Machado os freqüentava e não desejava melindrá-los) e um reforço da tese principal: *o nascimento da agremiação republicana fora sempre um equívoco.*

Isto posto, o apólogo acompanha a história do rapaz de Teerã. Não tem profissão, é rico e indolente, tanto que o pai lhe manda que escolha ofício. Metaforicamente: temos um partido sem rumo definido composto de homens alheios a qualquer empresa consistente.

De todo modo, o moço sai a campo curioso de "correr toda a Pátria", a ver se consegue escolher a profissão "que lhe parecesse mais própria e lucrativa".

Assim se teria espalhado o republicanismo, carente de raízes próprias e, por isso mesmo, ansioso por encontrá-las e deitá-las no solo da nação. E é a figura do plantio que vai dar armação à parábola. O jovem resolve plantar limas, as famosas limas-da-pérsia. Mas são malogrados os esforços do incipiente lavrador. As limeiras, por mais que ele as fizesse regar e até enfeitiçar "com palavras dos livros santos", não cresciam e, menos ainda, frutificavam. Deixo à argúcia dos historiadores do Segundo Império identificar a pessoa do *mago* a quem recorre o nosso lavrador em desespero de causa.

Como explicar o insucesso do plantio, se saborosas limas davam fartamente em outras terras? Era preciso descobrir a causa de um resultado tão mofino. As causas podiam ser várias: "falta de alguns sais no adubo, ares pouco lavados, certa disposição do terreno, pouca prática do plantador". São carências que podem ser lidas em registro alegórico como razões do malogro das idéias novas. Estas, de fato, não conseguiam àquela altura atrair os descontentes com a monarquia, que já haviam encontrado o seu nicho na ala radical do Partido Liberal. Ao grupo da *Reforma* coubera o papel de defender coerentemente a eleição direta e protestar contra o adiamento das leis abolicionistas.

O que faltaria, então, às limeiras e à campanha republicana? Terra mais fértil, mais umidade nos ares, lavrador mais hábil — tudo são figuras do que, em crônica escrita dias depois, Machado apontará como "o estado mental" da nação, os seus costumes, a sua infância constitucional" (1º de setembro).

Teríamos, na verdade, causas históricas que tornariam ineficazes certas propostas de cunho progressista? (Vale a pena revisitar a espinhosa questão dos limites ideológicos do ceticismo machadiano.)

De todo modo, o nosso malsucedido cultivador precisava indigitar o culpado: acabou acusando o sol, porque "era ardente, e requeimava as plantas". Este era *o culpado visível*. A alegoria toca, enfim, o seu alvo: o poder pessoal do imperador era, para os bisonhos republicanos, o pecado original da política brasileira.

O cronista não se contentou em esclarecer o sentido do apólogo. Foi além, desqualificou explicitamente a razão alegada pelos republicanos chamando-a de *equívoco*. A causa das nossas mazelas políticas não seria, na ótica de Machado, a vigência do Poder Moderador que a Constituição de 1824, na esteira da lei maior francesa, confiara ao monarca.

Ora, a leitura do Manifesto de 1870 não deixa dúvidas sobre o alvo principal do novo partido. Para fulminar as prerrogativas imperiais, os signatários, dentre os quais sobressaem Saldanha e Quintino Bocaíuva, amigos pessoais de Machado, citam políticos de todo o espectro ideológico do Império. Não esquecem sequer as palavras duras de um conservador ressentido, José de Alencar, que pintava o poder pessoal de dom Pedro II como um "pólipo monstruoso". Liberais clássicos como Francisco Otaviano e Nabuco de Araújo eram igualmente chamados naquele documento fundador para abonar a mesma posição.

Para Machado de Assis o partido nascera desse erro de interpretação: é o que a crônica afirma sem ter de provar, mesmo porque o cronista não se sente na obrigação de ser historiador — basta-lhe o delicioso privilégio de opinar. Proclamada a República, o escritor (e o romancista de *Esaú e Jacó*) não mostra entusiasmo pelo regime. No contexto de uma crônica de 1º de setembro de 1895, lamentando o suicídio de Raul Pompéia, qualifica de "ilusão" a sua paixão política, que sabemos republicana até os extremos do jacobinismo:

> A política, é certo, veio ao seu caminho para lhe dar aquele rijo abraço que faz do descuidado transeunte ou do adventício namorado um amante perpétuo. A figura é manca; não diz esta outra parte da verdade, — que Raul Pompéia não seguiu a política por sedução de um partido, mas por força de uma situação. Como a situação ia com o sentimento e o temperamento do homem, achou-se ele partidário exaltado e sincero com as ilusões todas, — das quais se deve perder a metade para fazer a viagem mais leve, — com as ilusões e os nervos.

Incluindo-se certamente entre aqueles que estimavam o autor do *Ateneu*, mas "não comungavam com as suas idéias políticas", Machado diz também que não o conhecera na época das suas lutas abolicionistas em São Paulo. Caso tivesse acompanhado a trajetória de Pompéia, teria provavelmente relativizado o seu juízo sobre as "ilusões" do militante. O republicanismo deste começou nos anos acadêmicos, entre 1882 e 1885, e veio sempre misturado com um ardoroso engajamento abolicionista. Conhecem-se as suas invectivas dirigidas aos assaz moderados republicanos paulistas que, pela palavra de Alberto Sales e Rangel Pestana, revidavam acusando os seus "exageros" e o "sentimentalismo" dos seguidores de Luís Gama e de Antônio Bento, ambos venerados pelo jovem Raul Pompéia. De resto, há marcas profundas da aversão de Pompéia ao regime monárquico na sátira que um personagem do *Ateneu*, o dr. Claúdio, faz do "tirano de sebo", dom Pedro II.

A partir do 15 de Novembro acalora-se a sua paixão republicana e, no mesmo grau, o nacionalismo intransigente e a adesão incondicional a Floriano Peixoto, que a revolta da Armada suscitaria nos jacobinos do novo regime. Alguma fugaz concessão à pessoa de Pedro II pode-se detectar em artigos que Pompéia escreveu nos meados de 1886, quando julgou seu dever defender o governo de ataques de *O País*, que lhe pareceram injuriosos. A figura do velho rei exilado despertou-lhe, mais tarde, um sentimento de piedoso respeito. Mas, sempre que se propunha avaliar em bloco o Segundo Reinado, o seu julgamento era coerentemente severo, quando não ferino.

Lendo o prefácio que escreveu para as *Festas nacionais*, de Rodrigo Otávio (1893), vemos o retrato de corpo inteiro da sua interpretação da história brasileira a partir da maioridade de dom Pedro II:

> Foi o crime do Segundo Reinado que contra a nossa histórica miséria não provocou a mínima tentativa. Pelo contrário. Nós fomos colônia... cada vez mais com D. Pedro, o derradeiro.
>
> Cinqüenta anos teve esse monarca para construir e fortalecer a vitalidade do civismo brasileiro. Foram cinqüenta anos de inércia e de abandono. E este será o grande libelo perante a História honesta e exata da inépcia benigna do Segundo Reinado.

Adiante acusa "a negaça perene do seu abolicionismo platônico" e "a obra negativa da anulação do caráter nacional".[14]

O contraste entre as atitudes públicas de Machado de Assis e Raul Pompéia é flagrante e merece leitura detida. Machado nada espera da política enquanto intervenção efetiva na sociedade civil. A política que transforma ou inova não encontra lugar nas suas crônicas, que preferem ver a precariedade nas ações e a vacuidade nas palavras dos homens... políticos. Ao passo que o jovem Pompéia condena os políticos corruptos em nome de seus ideais abolicionistas e nacionalistas, Machado tende a duvidar até mesmo da eficácia de planos bem-intencionados, como é o caso da proposta de Saldanha Marinho visando a restituir o prestígio e a dignidade da Câmara Municipal.

Convém examinar a crônica de 1º de setembro de 1878, escrita dias depois do apólogo que ironizava a propaganda republicana. Aprovando a iniciativa de Saldanha, cujo espírito democrático levava a encarecer a representação dos munícipes, o cronista julga, porém, que a proposta, mesmo se aceita pelos poderes Legislativo e Executivo, "não terá o desejado efeito". O seu arrazoado pessimista lembra o tom dos conservadores ingleses e franceses que influíram no pensamento político europeu a partir da Restauração: Burke, Benjamin Constant, Chateaubriand, Guizot. O ponto comum é este: de nada adianta a lei sem os costumes que a precedem e devem sustê-la. O projeto inovador precisa contar com "as condições morais e mentais da sociedade. Pode a instituição subsistir com as suas formas externas; mas a alma, essa não há criador que lha infunda".[15]

Considerando o intervalo que existiria entre os bons propósitos do legislador e o peso do "estado mental da nação", o cronista se mostra cético quanto à viabilidade das iniciativas democráticas veiculadas pelo Parlamento e pelos jornais. Parece não haver saída para este desafortunado país, onde os políticos tradicionais fazem jogo de cena para manter o *status quo*, ao passo que os progressistas, animados de "sentimentos liberais", propõem medidas certamente ineficazes. O teatro político apenas encena o impasse que não lhe é dado superar.

Machado descrê, por exemplo, da luta liberal contra o excesso de centralização administrativa. Luta que está na boca de todos, virou mesmo "flor de retórica, uma perpétua chapa". A sua reflexão contém uma forte dose de determinismo, a que induz o seu ceticismo:

> Raros vêem que a centralização não se operou ao sabor de alguns iniciadores, mas *porque era um efeito inevitável de causas preexistentes*. Supõe-se que ela matou a vida local, quando a falta de vida local foi um dos produtores da centralização. *Os homens não passaram de simples instrumentos das coisas.* É o que acontece com o poder municipal: esvaiu-se-lhe a vida, não por ato de um poder cioso, mas *por força de uma lei inelutável,* em virtude da qual a vida é frouxa, mórbida ou intensa, segundo as condições do organismo e o meio em que ele se desenvolve. É o que acontece com o direito a voto; a reforma que reduzir a eleição a um grau será um melhoramento no processo e por isso desejável; mas dará todas as vantagens políticas e morais que dela esperamos? Há uma série de fatores, que a lei não substitui, e esses são o estado mental da nação, os seus costumes, a sua infância constitucional... [grifos nossos].[16]

Convenhamos em que não temos nessas palavras uma profissão de fé na capacidade transformadora da ação política. Como fator de mudança, esta entraria na proporção de uma *quantité négligeable.*

> Mas que remédio dou então para fazer todas as eleições puras? Nenhum; não entendo de política. Sou um homem que, por ler jornais e haver ido em criança a galerias das câmaras, tem visto muita reforma, muito esforço sincero para alcançar a verdade eleitoral, evitando a fraude e a violência, mas por não saber de

política, ficou sem saber a causa do malogro de tantas tentativas. [...] Vi outras reformas; vi a eleição direta servir aos dois partidos, conforme a situação deles. Vi... Que não tenho eu visto com estes pobres olhos? (*A Semana*, 8 de dezembro de 1895).

Mas, com essas palavras de ceticismo, nem tudo me parece ainda esclarecido no que diz respeito à posição de Machado em face do regime republicano.

Que as suas tendências políticas nada tivessem em comum com o jacobinismo de Raul Pompéia e dos cadetes florianistas, não cabe dúvida. No entanto, essa era apenas uma das vertentes do republicanismo, decerto a mais extremada em termos antimonárquicos e, como tal, distante das simpatias do escritor pelo novo liberalismo aberto e civilista de seus amigos Nabuco e Taunay. A outra vertente procedia da Convenção Republicana dos anos 1870; representada pelos corifeus do Partido Republicano de São Paulo, sairia vitoriosa depois do interregno militar (1889-93). As suas relações estreitas com os fazendeiros de café eram notórias. O Machado maduro das crônicas de *Bons dias!* (abril de 1888-maio de 1889) não se indispôs com essa corrente que, de resto, não lhe era familiar; mas o seu olho arguto não podia ignorar os liames que a uniam com a robusta oligarquia cafeeira, que aderira à Abolição só na fase final da campanha.

Será esse o significado ideológico da crônica de 11 de maio de 1888, publicada dois dias antes da Lei Áurea. Nela, o cronista refere-se às alforrias em massa daqueles últimos dias. Conta o caso de escravos fugidos que se acoitaram em Ouro Preto, onde alguns proprietários os contrataram por bom salário. Eram fazendeiros que se aproveitavam da situação de desbarato que precedeu a extinção do regime de cativeiro. Alugavam mão-de-obra ainda legalmente escrava, no que rompiam formalmente laços de solidariedade com membros da sua própria classe.

Nessa altura entra na crônica um interlocutor que faz comentários sobre o episódio (aparentemente insólito), afirmando que o cronista "não vê que anda alguma coisa no ar". Esta coisa, explica ele, "é uma república". A mudança do regime parece-lhe, aliás, indispensável, opinião que não é compartilhada pelo narrador, para quem o governo (monárquico) "não vai mal", pois é como um chapéu bem ajustado à cabeça. "Vai pessimamente", retruca o outro. "Está saindo dos eixos." E aqui, dando um brusco salto ideológico, o interlocutor define o que deveria ser essa república, isto é, sobre qual eixo deveria rodar para bem adequar-se à realidade da nação. Mas o diz em alemão, para maior perplexidade do cronista, que finge não entender a língua, e do leitor, que, muito provavelmente, não a entende:

> É preciso que isto seja, se não com a monarquia, ao menos com a república, aquilo que dizia o *Rio-Post* de 21 de junho do ano passado:
> *"Es dürfte leicht zu erweisen sein, dass Brasilien weniger eine konstitutionelle Monarchie als eine absolute Oligarchie ist".*
> [Ou seja: "Seria fácil provar que o Brasil é menos uma monarquia constitucional do que uma oligarquia absoluta".]
> — Mas o que quer isto dizer?
> — Que é deste último tronco que deve brotar a flor.

A metáfora é transparente. É do tronco da Abolição que brotará a República. Como, de fato, sucedeu. A monarquia liberal caiu, sobrevindo um regime em que as oligarquias puderam finalmente governar sem as mediações do velho parlamentarismo.

Uma leitura maniqueísta da crônica (Machado monarquista *versus* a iminente República) é tentadora, mas deve ser matizada. Os numerosos passos em que o cronista observou sardonicamente as mazelas e o teatro político do Segundo Reinado alertam para medir a distância que ele sabia tomar em relação à retórica dos parlamentares e à sobrevida do liberalismo excludente, cá e lá, no Brasil e nas monarquias e repúblicas européias em plena expansão colonialista. O processo, no seu todo, era negativo, a tal ponto que nada se poderia esperar de mudanças institucionais.

Quanto à fusão de república e oligarquia, prenunciada na crônica, convém ler passagens de *O abolicionismo,* de Joaquim Nabuco, inspiradas no ideário liberal-democrático. Nabuco nos dá a visão de uma ordem contraditória (e historicamente atestada) em que aparecem

> republicanos, que consideram degradante o governo monárquico da Inglaterra e da Bélgica, exercitando dentro das porteiras das suas fazendas, sobre centenas de entes rebaixados da dignidade de *pessoa*, poder maior que o de um chefe africano, nos seus domínios, sem nenhuma lei escrita que o regule, nenhuma opinião que o fiscalize, discricionário, suspeitoso, irresponsável (cap. "O partido abolicionista").

MAS O QUE É, AFINAL, A POLÍTICA?

Eis o que revela uma pesquisa — verdadeiro *survey* de opinião pública... — que o cronista simulou na sua bala de 8 de julho de 1885:

Tendo enviado a pergunta pelo correio, o cronista seleciona as respostas, comentando-as entre jovial e sardonicamente:

> Não publico todas as definições recebidas, porque a vida é curta, *vita brevis.* Faço, porém, uma escolha rigorosa, e dou algumas

das principais, antes de contar o que me aconteceu neste inquérito, e foi o que há de se ver adiante, se Deus não mandar o contrário.

Uma das cartas dizia simplesmente que política é tirar o chapéu às pessoas mais velhas. Outra afirmava que a política é a obrigação de não meter o dedo no nariz. Outra, que é, estando à mesa, não enxugar os beiços no guardanapo da vizinha, nem na ponta da toalha. Um secretário de club dançante jura que a política é dar excelência às moças, e não lhes pôr alcunhas quando elas já têm par para esta. Segundo um morador da Tijuca, a política é agradecer com um sorriso animador ao amigo que nos paga a passagem.

Muitas cartas são tão longas e difusas, que quase se não pode extratar nada. Citarei dessas a de um barbeiro, que define a política como a arte de lhe pagarem as barbas, e a de um boticário para quem a verdadeira política é não comprar na botica da esquina.

A política aparece, na maioria das respostas, como etiqueta, ou seja, teatro de costumes, em que os signos de cortesia devem ser recíprocos. Tudo, em última instância, vem a dar no cuidado individual com o interesse próprio: o boticário deseja que seu freguês se abstenha de comprar na botica da esquina, pois seria favorecer o concorrente; o deputado não votará contra o governo na questão servil, contentando-se com meias medidas, ainda que declare ser pela abolição imediata; enfim, nenhum parlamentar fará obséquios a quem não seja seu amigo ou eleitor...

São situações locais, variações brasileiras de tendências recorrentes do "barro humano" assim compreendido nas palavras de um *philosophe* do século XVIII:

"A classe mais numerosa, a que pertence quase todo o gênero humano, é aquela em que os homens, atentos unicamente a seus interesses, nunca lançaram os seus olhares para o interesse geral. Concentrados em seu bem-estar, esses homens dão o nome de honradas apenas às ações que lhes são pessoalmente úteis". Adiante: "Se o universo físico se submete às leis do movimento, o universo moral não deixa de submeter-se às leis do interesse. O interesse é na terra o mago poderoso que modifica aos olhos de todas as criaturas as formas de todos os objetos" (Helvétius, *Do espírito*, ed. de 1758, II, 2)."

A crônica de Machado traz reflexos de palavras e atitudes de políticos do Brasil imperial. Junto ao reflexo trabalhava a reflexão peculiar ao escritor Machado de Assis, com o seu olhar e o tom de sua voz procurando ir mais longe e mais fundo do que o mero registro empírico. O reflexo é mediado pela atividade da reflexão. E a reflexão não se detém em fronteiras nacionais.

A consciência do caráter ambíguo ou cambiante do cenário político, armado só em função de interesses e desejos individuais, levou o cronista a contemplar com os mesmos olhos desenganados tanto o jogo partidário brasileiro como a prática parlamentar inglesa.

Em crônica de 4 de agosto de 1884, Lélio finge transcrever dois discursos de deputados à assembléia provincial do Rio de Janeiro, um conservador, outro liberal, falando a mesma linguagem em uma sessão de dezembro de 1868. E conclui: "O nome é que divide". Mas, sendo a política o que é, "obra de homens", acontecia algo semelhante no pequeno *speech* de um candidato inglês no ano de 1869: "Quero a liberdade política, e por isso sou liberal; mas para ter liberdade política é preciso conservar a constituição, e por isso sou conservador".

Da mesma prestigiosa fonte britânica viria esta outra notícia, que teve o dom raro de deixar pasmo o cronista, em geral fleugmático: "Não há uma semana o correspondente de Londres, no *Jornal do Comércio*, dizia que os conservadores pedem ali a dissolução da Câmara, mas que os liberais *a temem, porque estão no governo. Se isto não é o mundo da lua, não sei o que seja*" (*Balas de estalo*, 13/3/1884). Cá e lá…

Perplexidade, ironia, sarcasmo, tudo são modalidades de uma reação subjetiva e cultural à chuva de *faits divers* que a comunicação nacional e já então internacional fazia cair sobre o redator curioso e bem informado oculto sob o pseudônimo de Lélio.

O trabalho do intérprete de Machado hoje é também da ordem da reflexão. Basta saber se o leitor dialético, que acaso tenha sobrevivido ao século XX, fará passiva e incondicionalmente sua a imagem do Brasil tal como aparece espelhada, pensada e interpretada pelo cronista. Imagem de um país condicionado por um "estado mental" mal saído dos tempos coloniais. Imagem de uma sociedade presa a hábitos "inelutáveis", o que exprime um estilo de pensar diferente do protesto encrespado, feito de amor e ódio, revolta e esperança, que sai das páginas abolicionistas de Luís Gama, André Rebouças, José do Patrocínio ou Cruz e Sousa, mulatos e negros que se indignam, porque motivados por um ideal de futuro libertador. O *filtro cognitivo* de Machado em nada se assemelha ao das crônicas jacobinas de Raul Pompéia, nem coincide com os ensaios históricos dramáticos de Euclides da Cunha, inteligência sensível às grandes fraturas de raça, classe e cultura que dividiam a nação brasileira. Comparem-se, enfim, as palavras desenganadas de Lélio, nas suas balas de estalo ("maciamente sarcásticas", no dizer de Valentim Magalhães), com o *pathos* liberal-progressista que sopra nas páginas animosas de Joaquim Nabuco escritas na mesma década de 1880. O que são textos que falam de política se não decifrarmos a sua perspectiva e não ouvirmos o tom da voz que os ditou?

FORÇA E LIMITES DA SÁTIRA POLÍTICA DE MACHADO

Em termos de história das ideologias, as perguntas que cabe formular me parecem estas: qual o contraponto ideológico que sustenta coerentemente a sátira machadiana à política brasileira e à política em geral? Se a sátira é discurso contra-ideológico, qual seria a razão interna e qual o alcance da sua força negativa? Que discurso seria confiável, do ponto de vista do cronista, em oposição à *vana verba* dos parlamentares nacionais? Em nome de qual princípio superior deve ser desmistificada a retórica do teatro político?

Não se vislumbra no leque das ideologias contemporâneas de Machado nenhuma que dê suporte ao seu desdém universalizado pelo ofício dos políticos. Cavando mais fundo, a descrença em toda e qualquer doutrina que promova o progresso moral do gênero humano na rota da civilização (positivismo, evolucionismo, socialismo...) resulta na hipótese antiqüíssima de que tudo, afinal, se repete. Assim acontece com a Natureza, assim gira a roda do destino. A figura do círculo vale tanto para as eternas e inoperantes reformas eleitorais do Império como para certos costumes bárbaros do bicho humano, que se supunham para sempre extintos. O episódio do canibalismo inglês e brasileiro, contado na crônica de 1º de setembro de 1895, ilustrava essa desolada filosofia do eterno retorno, que a expressão "andar à roda" descreve com precisão. A antropofagia está voltando e poderá sempre voltar.

> Horrível, concordo, mas nós não fazemos mais que andar à roda, como diria o outro... Que me não posso lembrar se foi realmente Montaigne, pois iria daqui pesquisar o texto na própria e deliciosa língua dele. Os franceses têm um estribilho que se poderia aplicar à vida humana, dado que o seu filósofo tenha razão:

Si cette histoire vous embête,
Nous allons la recommencer.

Os portugueses têm esta outra, para facilitar a marcha, quando são dois ou mais que vão andando:

Um, dois, três.
Acerta o passo, Inês.
Outra vez

A roda da História é figura que não se ajusta a concepções progressistas do tempo; apenas convida à estóica resignação. Mas, na medida em que alcançarmos descobrir no fundo do ceticismo um veio de inconformismo, assim como percebemos no fundo da crítica um renitente pessimismo, estaremos chegando perto da contemplação do enigma que é o olhar machadiano.

Por que a hipótese de Augusto Meyer (e em parte, de Raymundo Faoro), que faço minha, da vigência do moralismo cético, ajuda a decifrar o enigma do olhar machadiano?

Porque o moralista vê o universo da política como um agregado de homens que somam aos seus objetivos particulares um suplemento de poder. Daí, o espetáculo nada edificante que armam a vaidade, a covardia, a estupidez, a venalidade, a hipocrisia, a ganância, a indiferença e o oportunismo quando os potencia a faculdade de legislar, de corromper, aliciar ou punir aliados ou adversários. "Que é a política senão obra de homens?" A política reforça, como instrumento grupal que é, as tendências defensivas e agressivas de cada indivíduo que entra no seu palco. Como construir uma república eqüitativa a partir de indivíduos centrados em seus interesses próprios?

Para o moralista clássico, os costumes do barro humano não se reformarão mediante leis, decretos e constituições juradas ou outorgadas. Os hábitos estão enraizados na natureza egoísta inerente a cada homem; natureza que reponta sempre, ora descarada, ora mascarada pela civilização.

O mal denunciado, o vício escarnecido e a iniqüidade exposta têm origens profundas na vida social, que é regida pela força ou pela astúcia. Maquiavel, ainda e sempre: a política, teatro de leões e raposas.

O resultado da aplicação do ceticismo machadiano à política brasileira é rico e paradoxal. A flecha satírica fere e atravessa as mazelas locais alcançando alvos similares além de nossas fronteiras: *il mondo casca!* O mal é nosso, entretanto, se bem pensado, está não só aqui, mas ali e alhures, pois a política é sempre obra de homens dos quais pouco ou nada convém esperar.

Mas... ultrapassando o alvo nacional, a crítica se faz contraditoriamente mais forte e mais fraca. Mais forte, porque o poder da sátira não se esgota no recorte do fato isolado, no episódio; procura compreendê-lo à luz da consciência que o escritor tem da fragilidade do ser humano. É a reflexão universalizante preenchendo o empírico, estilizando o reflexo imediato do acontecimento. Mais fraca, no entanto, porque desvia a atribuição da causa próxima do mal para uma condição existencial ampla que relativiza os mecanismos específicos da conjuntura local; assim fazendo, descrê de quaisquer doutrinas ou medidas políticas enérgicas e eficazes para sanar o mal denunciado. Empiria (*eis os fatos...*) e pessimismo (*eis o homem...*) podem somar-se para zerar a esperança de que é possível, politicamente, transformar o que acontece sob os nossos olhos aqui e agora.

Compreender o nexo íntimo de sátira pontual e moralismo cético nos faz respeitar o espírito e a letra das crônicas; e talvez resistamos à tentação de *ver somente um Machado que nos interessa*, para entrever o Machado real, isto é, concreto e complexo, local e universal. Ou será demasiada ambição?

Documentos exigem crítica textual e histórica. Com maior

força de razão, crônicas literárias de um grande escritor requerem sondagens que identifiquem o seu ponto de vista, o húmus do seu pensamento, os seus valores e antivalores, o seu *pathos*, o seu estilo de narrar, os seus procedimentos retóricos. É uma tarefa ainda por fazer e constitui o limiar da interpretação, abaixo do qual tudo se dissipa no anedótico ou se presta ao desnorte de arbitrárias alegorias.

RAYMUNDO FAORO LEITOR DE MACHADO

Quando Raymundo Faoro se dispôs a enfrentar a obra de Machado de Assis em um verdadeiro corpo-a-corpo com aquele universo de personagens e situações extraídas do Brasil imperial, a sua obra-prima, *Os donos do poder*, já estava não só pronta, pois fora editada em 1958, como acabava de ser inteiramente refundida, como se adverte no prefácio à segunda edição, que é de 1975. *Machado de Assis. A pirâmide e o trapézio* saiu em 1974. Por essa data, depreende-se quanto a intensa leitura machadiana coincidiu com a retomada e o aprofundamento das suas teses sobre a formação política brasileira.

É grande a tentação de cruzar em um só discurso os esquemas de ambos os livros. Dentro de uma concepção mimética da obra literária, a ficção de Machado deveria espelhar a estrutura do Brasil imperial desvendada pelo cientista político de amplo horizonte que foi Raymundo Faoro. Mas um mínimo de cautela metodológica exige do leitor de Faoro leitor de Machado (operação duplamente metalingüística) que separe taticamente as abordagens, começando por apreender as linhas mestras de *Os donos do poder* para verificar até que ponto se reconhecem em *Machado de Assis. A pirâmide e o trapézio.*

O que impressiona, à primeira leitura, em *Os donos do poder* é a coerência mantida ao longo de um percurso de quase seis séculos, que vai de dom João I, mestre de Avis, a Getúlio Vargas. Apesar dessa pletora de dados históricos e através de conjunturas políticas díspares, o historiador detecta a permanência de um poder centralizador, o *Estado patrimonial*, que serve aos estamentos e deles se serve: primeiro os aristocráticos, eclesiásticos, forenses e militares; depois, os burocráticos, em geral. Com isso, a instância política, em sentido amplo, isto é, o *governo* e os seus prepostos, ganha uma consistência, uma ubiqüidade e uma longevidade que relativizam as classes donas da produção às quais o economicismo sempre atribuiu o domínio e a direção da sociedade.

A dependência, que a vulgata marxista sempre apontou, da instância política em relação à máquina econômica, e do ideológico em relação transparente com os interesses de classe, é, em Faoro, em princípio, aceita, mas dialetizada pela dependência inversa, ou seja, pela constatação de que os possuidores da riqueza precisam, estrutural ou conjunturalmente, dos manipuladores do poder oficial. Estes, por seu turno, desfrutam dos excedentes da vida econômica, porque detêm o poder de taxar e confiscar, controlando, em nome do Estado, os produtores de bens. Capital e política acabam convivendo como um casal que ora se abraça, ora briga, mas não se separa nunca definitivamente.

Para sustentar a sua tese, Faoro começa pelas vicissitudes do incipiente capitalismo português na baixa Idade Média até chegar ao tardio capitalismo brasileiro. Mostra quanto os estamentos e as burocracias coloniais e imperiais, braços do Estado patrimonial, influíram no sentido de regular a vida econômica, ora freando-a, ora tentando estimulá-la, aliciando os homens do dinheiro e atraindo-os para o seu círculo de postos, títulos e comendas, signos de status extraordinariamente valorizados até o fim do Segundo Império. O conúbio de titulações honoríficas, empregos administrativos e acesso aos recursos públicos deu ao Império sete marqueses, dez condes, 54 viscondes e 316 barões, sem contar os desembargadores conselheiros, os comendadores e os oficiais da Guarda Nacional. Era "a corporação do poder".

Resumindo Max Weber, Faoro glosa-o e cita: "Os estamentos governam, as classes negociam. Os estamentos são órgãos do Estado, as classes são categorias sociais".[1]

O termo de comparação, por força do contraste, é a sociedade política norte-americana *yankee*, com o puritanismo dos seus peregrinos, a ascensão do *self-made man* e o triunfo de uma burguesia rude que ignoraria os títulos e os fumos aristocráticos: uma sociedade de competição em que o poder do dinheiro e do lucro aparece legitimado pela ética moderna do trabalho e da produção. O molde weberiano é, no caso, evidente: *trata-se de avaliar ações sociais norteadas por valores*; e são esses valores últimos, introjetados no cotidiano, que condicionam os comportamentos de uma sociedade, não excluídos os econômicos. O lado interiorizado dos valores são os *motivos* que levam os indivíduos a agir desta ou daquela maneira.[2]

No que toca à sociedade brasileira do Segundo Império e do início da República — que será o teatro das personagens machadianas —, a tese de Faoro combina o *quadro sincrônico* (onde se vêem estamentos superpostos a classes, burocracias controlando agentes econômicos) e o processo histórico, a *diacronia*, com a lenta emergência de fatores modernizadores, quer no mundo da produção empresarial, quer no mundo das condutas e das ideologias progressistas. A sincronia dá o mapa estático; a diacronia, o movimento e as passagens.

O Segundo Império teria vivido, até a década de 1860, sob a hegemonia de uma política altamente conservadora e centralizante. As oligarquias rurais partilhavam na Câmara e no Senado o poder legislativo. Quanto aos postos da administração, eram repartidos entre os filhos e parentes dos fazendeiros, a magistratura, o exército, o clero, em suma, as chamadas "influências", que, por sua vez, viviam dos excedentes da economia exportadora, cerrando fileiras em torno da Coroa.

A classe econômica dominante (os senhores do açúcar e do café e seus comissários) e os estamentos da burocracia imperial fizeram, necessariamente, vistas grossas à permanência do trabalho escravo, resistindo, até o limite do possível (1850), à pressão inglesa que exigia o fim do tráfico. O nativismo exacerbado de Alencar combina-se com a aceitação do *status quo* escravista. Os grupos hegemônicos defendiam a prática do liberismo comercial (conquistado pela abertura dos portos em 1808) e de uma forma excludente de liberalismo político, que se reproduzia mediante o censo eleitoral arredando os pobres da representação junto às assembléias, à Câmara e ao Senado. Na adoção do liberalismo elitista a política imperial seguia de perto o exemplo francês, cuja lei maior, a Carta da Restauração de 1814, serviu de modelo à nossa Constituição, outorgada em 1824.

É conhecido o quadro eleitoral do Segundo Império. A historiografia recente vem apontando, porém, uma presença significativa de *votantes* de parcos recursos nas eleições anteriores à Lei Saraiva (1881), que excluiu os analfabetos, restringindo drasticamente o acesso às urnas. De todo modo, mesmo admitindo um grau considerável de participação na primeira etapa do processo, fica de pé o fato de que os eleitos, deputados e senadores, jamais pertenceram à mesma classe dos votantes pobres. Como ocorria contemporaneamente na Europa, o liberalismo puro e duro era uma prática que interessava diretamente à burguesia, e nada tinha a ver com princípios igualitários, tidos por anárquicos.³ Para repetir, mais uma vez, o óbvio: *liberalismo, na primeira metade do século XIX, não significou, nem quis significar, democracia.*⁴

UMA SOCIEDADE CONSERVADORA... EM MUDANÇA

Raymundo Faoro dá argumentos e exemplos convincentes para sustentar a tese da vigência de dois liberalismos ao longo do século XIX brasileiro. O fato de serem duas vertentes ideológicas ostentando a mesma denominação — *liberalismo* — tem sido causa de equívocos renitentes, como a tese das idéias liberais estrangeiras, postiças, fora de lugar, que antes confunde do que aclara a complexa trama ideológica do Segundo Império.⁵

O primeiro liberalismo, uma ideologia de longa duração, tem datas de nascimento precisas em termos de sua instauração na história do Brasil oitocentista: 1808 e 1824. Em 1808 dá-se a abertura dos portos pelo príncipe regente dom João, com o aconselhamento do smithiano ortodoxo Silva Lisboa (depois, visconde de Cairu). Instala-se o liberalismo econômico, ou liberismo (que, de resto, já convivia em todo o Ocidente com a escravidão), abrindo-se a produção agrícola ao comércio internacional com acentuado favorecimento à Inglaterra, como se verificará pelos tratados assinados em 1810. A medida satisfez às exigências do comércio britânico e, internamente, aos interesses dos produtores asfixiados pelo exclusivo colonial: será o primeiro passo no caminho da Independência. De 1824 é a outorga da Constituição por Pedro I: estabelecem-se as normas da representação política, o voto censitário e o funcionamento dos poderes Legislativo e Executivo mediante a combinação de parlamentarismo e monarquia. Trata-se de um esquema bastante próximo da Carta restauradora francesa, que introduzira o Poder Moderador de acordo com uma proposta conciliadora de Benjamin Constant.[6]

Enquanto ideologia funcional, *o primeiro liberalismo ocupou o seu lugar na sociedade emersa do sistema colonial*. Na medida em que era estruturalmente proprietista, exercia o papel de cimento ideológico legitimando as práticas econômicas e os arranjos políticos dos homens que consolidaram o novo Estado nacional em torno da dinastia.

Após a Independência, o trabalho escravo *continuou a ser* fator constitutivo da economia brasileira; quanto ao liberalismo, *passou a ser* fator ideológico indispensável à montagem do novo Estado-Nação.

Em 1840, a maioridade de Pedro II foi antecipada no bojo de um movimento centralizador destinado a encerrar o ciclo turbulento e contrífugo da Regência. A conquista da estabilidade monárquica coincidirá com a ascensão do café no vale do Paraíba, que, por sua vez, carece de braços e aumenta consideravelmente os seus plantéis de escravos. A propriedade escravista integra-se na ordem dos direitos adquiridos, que é a lógica liberal-proprietista.

O liberalismo oligárquico só conhecerá a primeira crise significativa nos anos de 1860 com a irrupção do segundo ou "novo liberalismo" (Joaquim Nabuco), que empunhará as bandeiras da eleição direta, dos limites do Senado vitalício e do Poder Moderador, bem como, paulatinamente, da "questão servil".

Nessa altura, o proprietismo puro e duro reage coerentemente à proposta da Lei do Ventre Livre, promulgada em 1871, mas preparada, sob os auspícios do imperador, desde 1866. Os políticos tradicionais, independentemente da sua filiação partidária, rezavam pela cartilha da propriedade privada, que o Código Civil napoleônico, paradigma ocidental, sacralizara ao manter a escravidão, embora omitisse qualquer referência à instituição que Bonaparte reintroduzira nas Antilhas francesas em 1802. Cá e lá... as constituições liberais posteriores à Revolução conferiam ao cidadão-proprietário o direito de coagir a liberdade dos pobres, negando-lhes a cidadania, e, no limite, davam ao mesmo cidadão-proprietário o direito de comprar a liberdade de seres humanos arrancados às costas da África. O efeito extremo do liberalismo era a desigualdade total: capital, de um lado; trabalho forçado, de outro. "*It was freedom to destroy freedom*", na expressão lapidar do abolicionista Du Bois.

A exigência de *indenização* aos senhores de escravos (que os positivistas antiliberais combateriam) foi satisfeita pelos governos inglês, francês e holandês quando se decretou a abolição nas suas respectivas colônias; o que é uma prova cabal de que o direito de propriedade do homem pelo homem vigorava plenamente nas metrópoles regidas por monarquias parlamentares liberais. Direito vigente na Europa e nas Américas.

Essa mesma ideologia — excludente por sua própria formação histórica — estava ainda representada entre nós por Araújo Lima, marquês de Olinda, pilar do Regressismo nos anos finais da Regência. Era conselheiro de Estado quando Pedro II o consultou, em 1867, sobre a conveniência de se discutir a abolição do trabalho escravo. Ao que o marquês respondeu drasticamente: "Os publicistas e homens de Estado na Europa não concebem a situação dos países que têm escravidão. Para cá não servem suas idéias".[7] Posição que, naqueles mesmos anos 1860, já estava sendo combatida e virtualmente superada pelo *novo liberalismo*.

Para o já velho credo liberal-proprietista, o abolicionismo era uma ideologia exótica, postiça, fruto do sentimentalismo dos *philanthropists* ou maquinação de utópicos e subversivos que pretendiam solapar as bases da economia e da monarquia nacional. Comenta Nabuco em *O abolicionismo*:

A resistência que a lavoura opôs à parte da lei de 28 de setembro que criou o direito do escravo de ter pecúlio próprio e o de resgatar-se por meio deste, prova que nem essa migalha de liberdade ela queria deixar cair da sua mesa. Os lavradores de Bananal, por exemplo, representando pelos seus nomes a lavoura de São Paulo e dos limites da província do Rio, diziam em uma petição às Câmaras: "*Ou existe a propriedade com suas qualidades essenciais, ou então não pode decididamente existir.* A alforria forçada, com a série de medidas que lhe são relativas, é a vindita armada sobre todos os tetos, a injúria suspensa sobre todas as famílias, o aniquilamento da lavoura, a morte do país".[8]

Os liberais abolicionistas, como se sabe, pelo testemunho de Nabuco e de Rui Barbosa, serão chamados de "comunistas" pelos liberais-conservadores que não toleravam a idéia da intervenção do Estado no seu direito *constitucional* de usar e abusar da condição de proprietários.[9]

Tratava-se de um complexo ideológico que envolvia o Ocidente. O liberalismo burguês pós-revolucionário de Napoleão e da Restauração casara-se, em toda a Europa, com uma nítida separação das classes sociais. E fizera um só corpo com a manutenção do cativeiro no Brasil, no Sul dos Estados Unidos e nas colônias francesas, holandesas, espanholas e portuguesas, cujos deputados se opunham às propostas de emancipação junto às respectivas câmaras metropolitanas. Nada de exclusivamente brasileiro, portanto, nessa fusão de interesses e racionalização ideológica.

O lugar histórico do velho liberalismo excludente estava demarcado: era a ideologia adequada aos exploradores e desfrutadores da economia de plantagem. Lugar social amplo, pois nele se aninhavam não só os agentes diretos da rede agroexportadora (traficantes, fazendeiros, comissários) como os seus intelectuais orgânicos, os burocratas da Corte, do Parlamento, do Fórum e das instâncias provinciais. Para esse bloco histórico, que outra ideologia quadraria melhor do que a defesa incondicional do direito de propriedade?

Entretanto, a restrição a esse direito, considerada postiça, do ponto de vista da oligarquia ("Para cá não servem suas idéias"), será tida por justa, civilizada e progressista pelo novo liberalismo, que faria eco no Brasil aos ideais de democracia que a Revolução de 1848 difundiu por toda a Europa. Só em 1848 a Assembléia Nacional francesa aboliu a escravidão. Se não levarmos em conta a dialética mesma do liberalismo do século XIX, isto é, os seus momentos contrastantes, cairemos no equívoco a-histórico de considerá-lo "deslocado" em relação à nossa realidade. A rigor, tanto o velho como o novo ideário liberal ocuparam os espaços possíveis que o movimento mesmo do capitalismo ocidental lhes destinava.

Sérgio Buarque, atento aos momentos de crise interna, cunhou a expressão "liberais contra liberais" para marcar as contradições intrapartidárias que agitaram a cena política nas décadas de 1870 e 80.[10] Liberais ainda fechados no seu medo ao radicalismo abolicionista *versus* liberais abertos aos ventos progressistas que animariam a campanha da abolição e, paralelamente, a campanha republicana.

Qual o *lugar social* deste segundo e renovado liberalismo?

Faoro situa os novos liberais entre os que não encontravam lugar próprio ou futuroso nos grupos que desfrutavam da centralização monárquica, da alta burocracia e das rendas da escravidão. Nos fins do decênio de 1860, a crise política entra a minar os alicerces do Império até levá-lo à queda vinte anos depois. Faoro entrevê uma transformação sistêmica a partir de 1860-70: "Emerge no quadro estamental e hierárquico, comunitariamente seletiva e progressivamente fechada, a sociedade de classes".[11] É o momento em que se ouvirá a voz moderna de Tavares Bastos, de Saldanha Marinho, de Quintino Bocaiúva, de José Bonifácio, o Moço, de Castro Alves, de Sousa Dantas, de Silveira Martins, de Luís Gama, de Joaquim Nabuco, de Rui Barbosa, de André Rebouças, de José do Patrocínio. Na esfera do pensamento científico e filosófico, é a hora da geração de 70, com seu "bando de idéias novas", de Sílvio Romero, que renova a historiografia e a crítica junto a homens da envergadura de João Ribeiro, Capistrano de Abreu, José Veríssimo e Araripe Júnior.

As cidades eram, pelo seu poder de concentração e difusão ideológica, os núcleos do novo liberalismo: o Rio de Janeiro dos jornais e dos grêmios, a São Paulo da Academia de Direito, Recife, Salvador, Porto Alegre. Quanto ao Nordeste, depauperado pela extinção do tráfico e pelas crises intermitentes do comércio do açúcar, já não via no escravo o sustento da sua economia; daí, o abolicionismo não ter encontrado, do Ceará à Bahia, a resistência feroz que sofreria nas províncias cafeeiras mais prósperas, fluminense e paulista. O novo liberalismo será urbano e será nordestino.

A leitura de *Os donos do poder* é, mais uma vez, iluminadora. No denso capítulo "O renascimento liberal e a República", Faoro mostra como o novo liberalismo se enraizou no descontentamento de "grupos inteiros, ativos e poderosos", que "não tinham lugar nem desempenhavam qualquer missão no ordenamento imperial".[12] Eram filhos da fidalguia nordestina em crise e com as antenas ligadas na economia e na política inglesa ou *yankee*. Eram profissionais liberais de classe média que precisavam competir com os apaniguados da oligarquia. Eram abolicionistas radicais que já não toleravam os golpes protelatórios da Câmara e do Senado. Eram, enfim, militares de formação positivista e ideal republicano, que se propunham arrancar o país da fase "teocrático-monarquista" na qual, segundo o mestre Comte, ainda estariam encalhadas as caducas dinastias. E todos navegavam nas águas da "maré democrática" que, na leitura de Joaquim Nabuco, definia o espírito do novo liberalismo.

Sem antecipar reflexões que cabem melhor no estudo de Faoro leitor de Machado, parece-me pertinente perguntar: não terá sido essa a hora ideológica do Machado jovem que militou na imprensa liberal entre 1860 e 1866, precisamente quando o Partido Liberal começou a pôr-se em brios para enfrentar os dogmas da agremiação que se vangloriava de ser o Partido da Ordem? Mas, se o velho liberalismo compromissado com as oligarquias lhe parecia enganoso e opressor, então por que o novo liberalismo ou o republicanismo nascente não o empolgaram a partir dos anos de 1870? Por que Machado maduro, pessoalmente simpático aos novos liberais, acabou distanciando-se de uns e de outros? Por que não propôs, nem excogitou, nem ao menos entreviu o caminho de uma alternativa, uma terceira via? O fato a ser interpretado é que Machado de Assis, enquanto cronista (a sua face visível de homem público), não militou em nenhuma das novas correntes nem sustentou nostalgicamente as antigas, porque, a certa altura, passou a descrer de toda e qualquer ideologia que pretendesse transformar o "barro humano" e a sociedade que nele se fundara. O seu desencanto profundo tê-lo-ia impedido de engajar-se animosamente na luta reformista dos companheiros de juventude e dos que os sucederam. Monarquista e liberal, em senso lato, e abertamente simpático aos abolicionistas, mas entranhadamente cético, preferiu fixar o lado sombrio ou apenas risível dos que usavam do velho nome "liberal" para defender seus direitos à propriedade e aos cargos políticos.

Os novos liberais, que Machado conheceu igualmente de perto, não lhe inspiraram personagens nem situações ficcionais; o que sugere, mais uma vez, o caráter seletivo do olhar que se quer realista.

O distanciamento de Machado é, em sentido lato, *moraliste*, ético e filosófico, de vontade e de pensamento. E será também estético, uma vez que a sua linguagem narrativa não se confundirá nem com a do naturalismo ferino e direto dos romancistas do último quartel do século XIX (Adolfo Caminha, Aluísio Azevedo, Inglês de Sousa, Júlio Ribeiro) nem com o expressionismo agônico de Raul Pompéia. Será mordaz, mas diplomático, boca que morde e sopra.

MACHADO DE ASSIS: A PIRÂMIDE E O TRAPÉZIO

Na perspectiva de Raymundo Faoro, o narrador Machado de Assis representa, *na esfera dos indivíduos*, as marchas e contramarchas dos interesses e dos desejos de poder no nível microssocial: entre homem e mulher, entre irmãos, entre amigos, entre famílias. Em outras palavras: a literatura, enquanto mímesis do real, trabalha com o singular, ao passo que a ciência social constrói o tipo que enfeixa características de uma pluralidade de indivíduos. Neste sentido, *Machado de Assis. A pirâmide e o trapézio* retoma e individualiza *Os donos do poder*.

O romance moderno seria a privatização do gênero épico: esta é a conquista teórica do pensamento marxista formulada exemplarmente por Lukács na *Teoria do romance*. Faoro cita Lukács uma só vez:[13] trata-se da passagem em que o pensador húngaro critica o realismo do detalhe avulso e valoriza o realismo oposto, que liga os pormenores com o conjunto da composição. Esse realismo verdadeiro, que dá sentido aos mínimos gestos das personagens e vai direto ao miolo do drama — as motivações, os interesses encobertos —, prende-se ao quadro social englobante, onde o jogo dos mesmos interesses toma forma pública e institucional. Caberia ao romancista moderno configurar a face subjetiva e intersubjetiva dos conflitos. Por isso, o estudioso da ficção não pode ignorar as relações, ora de afinidade, ora de distanciamento, que o narrador entretém com a trama social.

Tomando por assente a relação geral e constante entre romance e sociedade, pedra de toque do realismo, Raymundo Faoro traçará o mapa da vida política e econômica do Segundo Reinado com os olhos postos em personagens e situações machadianas. Um levantamento exaustivo, de que a exposição seguinte tentará captar apenas as linhas mestras.

A construção do livro está representada com nitidez pelas duas figuras geométricas do título: a pirâmide e o trapézio. As figuras, ora superpostas, ora combinadas, constituem o *eixo sincrônico* da tese de Faoro. São a forma do quadro social, tal como se compôs no Segundo Reinado.

A *pirâmide* desenha a estrutura vertical das classes. A base larga reporta-se aos homens do trabalho braçal: os escravos, os forros, os pobres em geral, brancos ou mestiços. O vértice é constituído pela reduzida classe dos proprietários, os fazendeiros, os seus comissários e os banqueiros. O comerciante escalona-se na parte intermediária da pirâmide e gradua-se na proporção dos seus cabedais. A pirâmide tem a ver diretamente com a produção e o negócio. Os seus móveis serão a acumulação, o lucro ou o consumo alto — no vértice —; a base será prioritariamente o escravo, secundariamente o trabalhador assalariado.

O *trapézio* desenha a estrutura horizontal dos estamentos. Superpondo-se à economia agroexportadora, servindo-a, ou dela se servindo, por via dos excedentes tributários, estadeiam-se os estratos burocráticos, os magistrados, os funcionários imperiais e provinciais, o clero, o exército. É o universo das hierarquias assentado em cargos, títulos, prebendas, patentes; as "influências" que formam a "corporação do poder" e que dependem da Câmara, do Senado vitalício e do poder pessoal, o imperador. Como em *Os donos do poder*, Machado de Assis. *A pirâmide e o trapézio* percorre miudamente esse universo onde o status é a suprema ambição, pois traz a reputação, a nomeada, de que tantas personagens terão sede a vida inteira, começando por Brás Cubas.

O *eixo diacrônico* acompanha o curso do tempo. A sociedade brasileira do Segundo Império foi mudando na direção de um "capitalismo tardio", mas eficaz, sobretudo a partir dos anos de 1860, como efeito parcial da liberação dos capitais propiciada pela cessação do tráfico. Essa mudança traria condutas modernizadoras, fazendo aparecer mais cruamente os móveis econômicos. A crítica ao regime escravista tem em Tavares Bastos (*Cartas do solitário*, *A província*) um colorido progressista *yankee*. Progresso econômico e trabalho livre são os pilares da argumentação de Joaquim Nabuco nos textos candentes de *O abolicionismo*. Ambos almejam o progresso e a modernidade, que não poderá deixar de ser capitalista, embora não forçosamente democrática.[14]

O *eixo sincrônico* fixa a estrutura social, a pirâmide e o trapézio. O eixo diacrônico remete à história das mudanças, das passagens, das resistências. Ambos formam o quadro, os lugares em que Machado vai situar as suas personagens, dando a algumas os traços típicos da sua classe ou do seu estamento, mas reservando a outras o desenho de uma fisionomia própria, capaz de diferençá-las da mediania e do vulgo, que, sabemo-lo desde Maquiavel, constitui a maioria absoluta dos homens.

Chegamos à questão crucial da interpretação do olhar machadiano. Mapeando o quadro social do Segundo Império e acompanhando a passagem de um mundo que custa a retirar-se a outro que força a sua entrada, teria Raymundo Faoro esgotado o seu trabalho de reconstituição do realismo machadiano? Para responder a essa pergunta fundamental, o próprio Faoro vale-se da presença de um *terceiro eixo*, que não se limita à representação de aspectos do sistema social, na sua estática e na sua dinâmica (objeto prioritário da sociologia da literatura), mas supõe, no olhar do escritor, na sua perspectiva, *uma capacidade de interpretar os comportamentos e as situações ficcionais.*

Pelo eixo hermenêutico busca-se estabelecer a relação do sujeito da escrita com os seus objetos. O sujeito recorda, o sujeito escolhe, o sujeito imagina, o sujeito exprime, o sujeito medita, o sujeito revela, o sujeito julga, o sujeito constrói. Em uma palavra densa de significações: o sujeito *interpreta* o outro e interpreta a si mesmo, enquanto autoconsciência. Todas essas operações e todos esses movimentos da alma realizados pelo narrador estão penetrados pela sua história de vida e dependem de um complexo cultural e ideológico que não se confunde, necessariamente, com esta ou aquela corrente de pensamento da sua própria época.

Raymundo Faoro não tematiza um enfoque declaradamente hermenêutico. Historiador, sociólogo e cientista político, a sua tarefa prioritária foi encontrar, para cada nicho social, a personagem típica que ilustrasse a estrutura piramidal ou trapezóide da vida pública brasileira. Para perfazer esse desígnio, estudou a ficção de Machado elencando os seus políticos, distinguindo deputados e senadores, ministeriáveis ou não; passando em revista as figuras da classe proprietária, fazendeiros, capitalistas, rentistas, financistas; detendo-se nos comportamentos dos agregados, dos funcionários, dos empregados, dos operários, dos escravos; analisando as personagens ligadas ao exército e ao clero; ponderando a influência da nobreza e do imperador; enfim, mapeando, vertical e horizontalmente, a sociedade espelhada nas obras do mais arguto dos nossos observadores.

A tarefa poderia dar-se por bem cumprida, já que o propósito de reconhecer a pirâmide das classes e o trapézio dos estamentos fora levado a termo de modo exemplar. No entanto, sem fazer praça de uma metodologia hermenêutica, Faoro sentiu a falta de uma dimensão que o elenco tipológico não comporta: a compreensão do nexo escritor-sociedade vista do lado do olhar, e não do puro quadro empírico; vista do lado da reflexão, e não do puro reflexo.

É significativo que, ao fechar a obra, julgou que não lhe bastava a imagem do *espelho*: o capítulo final chama-se "O espelho e a lâmpada". O espelho já lhe servira ao longo do seu caminho de historiador. Faltava-lhe outro instrumento de prospecção, uma luz que escolhesse os perfis dos objetos representáveis, que iluminasse intensamente um aspecto deixando outros imersos na sombra ou na total escuridão. Uma luz que não se cingisse à passividade do espelho, mas que se movesse em múltiplas e diferentes direções, para fora e para dentro, para cima e para baixo, para a frente e para trás, para um lado e para o outro... Uma luz que chegasse muito perto, como faz o olho míope à cata do miúdo e do mínimo; ou mirasse longe, bem longe, como o hipermétrope que só consegue ver claro à distância, divisando o horizonte, o muito alto ou o muito profundo, a seu bel-prazer. Uma luz crua que ofuscasse fazendo o objeto reverberar por todo o campo visual, ou uma luz tênue que deixasse as pessoas e as coisas mergulhadas na penumbra e diluídas na névoa do olhar embaçado que mal distingue os contornos ocultos por trás de manchas e pontos cegos.

Essa lâmpada identifica-se com os movimentos da consciência narrativa. Não se trata de um *ego* absoluto, posto acima ou fora da História, como talvez o constituísse o filósofo idealista. Trata-se de uma consciência formada por uma historicidade mais larga, mais densa e mais profunda do que o tempo fixado no relógio e no calendário. A historicidade imanente à consciência do escritor está saturada de memória cultural, que lhe dá modelos de interpretação e de julgamento capazes de qualificar os estímulos do aqui-e-agora e pensar as situações que as notícias de jornal prodigalizam no cotidiano.

Sílvio Romero, tachando o autor de *Quincas Borba* de "mau retratista", e Labieno, defendendo-o como homem de seu tempo, teriam incorrido, segundo Faoro, no mesmo equívoco: o de julgar Machado exclusivamente pelo critério especular, como se a operação fotográfica desse a medida do valor de um ficcionista. "Este esquema, velho de um século, batido e estéril, converteria o fato literário ao fato não-literário, reduzindo-o aos fatores sociais, transpostos estes para uma moldura preexistente."[15] Faoro ensina a evitar esse escolho do sociologismo menor: "Mas a raiz comum do pensamento não confunde o fato social com o fato artístico. O historiador e o romancista, perdidos no território de suas perspectivas e perplexidades, armam-se do espelho, para captar e refletir a realidade, enquanto a lâmpada, que a projeta, brilha com outra intensidade".[16]

> O objetivismo, de base científica, esquece o elemento mais característico da apreensão da realidade social: a relevância cultural do dado. A significação do fenômeno social e histórico não se deriva de leis, nem sequer dos fatos neutralizados pela medida, senão que se abre à compreensão por meio de valores. O objeto que se apresenta ao espectador está predeterminado pela significação que o valor lhe infunde, transformando-o em objeto cultural.[17]

As citações acima visam a destacar, nos enunciados de Faoro, os termos de *compreensão, cultura* e *valor*. Apoiando-se em Max

Weber, o nosso leitor de Machado irá insistir na dimensão cultural e axiológica das escolhas feitas pelos historiadores e, com maior liberdade, pelos romancistas. A cultura é a fonte da valoração, ela dá sentido aos episódios lembrados ou inventados pelo narrador. No caso de Machado, o eixo da interpretação dos comportamentos é a análise das paixões que os motivam, sempre; e esse foi, desde Montaigne a La Rochefoucauld, desde Maquiavel a La Bruyère e a Schopenhauer, o exercício dileto dos moralistas.

A relevância do olhar moralista na obra de Machado já fora apontada por Augusto Meyer, sempre atento aos movimentos prospectivos do bruxo de Cosme Velho. Faoro retoma a intuição daquele extraordinário crítico-artista, acentuando didaticamente a diferença entre o moralista moralizador (passe a tautologia) e o moralista analítico:

> Moralista não quer dizer moralizador, pregador de moral ou censor de costumes. O moralismo nada tem com a moral, mas tem muito a ver com os costumes, *mores*, isto é, "com o gênero de vida e a maneira de ser do homem na realidade concreta, que pode ser *imoral*. Os moralistas não são educadores, nem professores de ética. São observadores, analistas, pintores de homens, infinita é a sua tarefa. Seu estudo se dedica à complicação total da natureza contraditória e da condição banal e concreta do homem, que não se revela senão quando a ética se retira para deixar o campo livre à observação não preconceituosa do real".[18]

O eixo hermenêutico está definido. Compreender o olhar de Machado é pôr-se à escuta de toda uma tradição de análise dos comportamentos humanos, ancorada na percepção do amor-próprio onipresente, da vaidade, da precariedade da consciência, da primazia do interesse e do desejo sobre as exigências do dever, ou, usando categorias freudianas, do princípio do prazer sobre o princípio da realidade.

Que esse eixo da interpretação possa coexistir com explicações sociológicas, eis um problema que tem a ver com a própria coerência interna de *Machado de Assis. A pirâmide e o trapézio*. A consciência de que se trata de abordagens distintas, até o extremo da oposição, exprime-se no intertítulo "O moralismo em conflito com a história e a sociedade".[19]

Em que consistiria esse conflito de interpretações?

Faoro crê detectar uma tensão entre a visão moral e psicológica (tal qual o escritor a teria construído modelando as suas experiências pela mão dos moralistas) e o determinismo tipificador com que a sociologia acadêmica opera na hora de explicar as condutas fora e dentro do texto.

Glosando o romancista, diz o crítico: "Um Cromwell ou um Bonaparte chegaram ao topo da pirâmide, não pela conjunção das forças sociais, mas por via do incêndio da ambição de poder".

Em outras palavras: para Machado, a vontade de poder, na medida em que "arde com violência", seria a origem do percurso dos homens que fizeram a História. A afirmação relativiza o puro mecanismo das pressões sociais. Nem por isso Machado teria atribuído ao indivíduo o poder de autodeterminar-se. Na raiz de todos os desejos que animam, há milênios, o ser humano, pulsaria uma força cega, indiferente ao destino dos seres que ela mesma engendrou: essa força é a Natureza, a vontade de viver alegorizada no delírio de Brás Cubas. Nessa ordem de relações, a sociedade é o lugar comum em que as paixões se encontram e desencontram. Paixões que derivam de uma energia difusa que as transcende, as precede e lhes sobrevive e, ao mesmo tempo, as enforma e habita, pois cada desejo individual é inerente à vontade cósmica. A afinidade com o pensamento de Schopenhauer salta à vista.

Mas, apesar da remissão última à Natureza, a construção machadiana das personagens não será naturalista, em senso estrito, pois o mesmo desejo "natural" enfrenta o desafio das normas sociais. Daí a necessidade da máscara, do negaceio, da hipocrisia e, às vezes, da mentira. Machado é o grande analista das relações turvas entre a primeira e a segunda natureza. O moralista constata o disfarce, mas ergue o véu que mal encobre a natureza eternamente selvagem, a Vida, senhora dos nossos desejos, fonte última de nossa existência neste mundo sublunar.

Se for considerado o plano dos costumes, dos *mores*, como segunda natureza, tão imperiosa como a primeira, no dizer do próprio Machado, teremos acaso construída a ponte de duas mãos entre os instintos e as convenções sociais? Faoro lembra um dos mais agudos pensamentos de Pascal:

> O costume é uma segunda natureza, que destrói a primeira. Mas o que é a natureza? Por que o costume não é natural? Temo que essa mesma natureza não seja mais do que um primeiro costume, assim como o costume é uma segunda natureza (*Pensées*, nº 120 da ed. Brunschvicg).

A luta darwiniana e maquiavélica entre os fortes leões e as espertas raposas terá sido transposta para a selva social, onde só os fortes poderão dizer tudo o que pensam, até o limite do cinismo, precisando os fracos recalcar os seus sentimentos e intenções. Mas, então, será justo condenar o que é, nos fracos, necessária defesa? O moralismo de Machado deixará de ser, nessa altura, apenas acre desmistificação do *moi haïssable* para assumir tons "realistas", isto é, concessivos, diplomáticos. Ao fraco e pobre, afinal, assistiria o direito de despistar o forte e o rico, porque precisa sobreviver. A ambição do pobre deixará de ser reprovável em razão daquele mesmo direito de ascender a posições de que os ricos desfrutam desde o nascimento. Quanto à ingratidão, posto que negra aos olhos românticos e idealistas, poderá significar o exercício de uma afirmação pessoal, que é o avesso da subserviência a que estava constrangido o dependente, o agregado. Os exemplos de Guiomar e Iaiá Garcia são inequívocos: não venceriam na vida, não subiriam de classe, ou na própria classe, se não armassem com fortes doses de cálculo a sua ambição. O moralismo, universalizando os desejos e os interesses do *eu* (ainda que os considere, na origem, detestáveis, enquanto vaidade e ambição), irá, no limite, compreender a sede de igualdade que a nova sociedade liberal-individualista desperta no agregado e no dependente. *Compreender* aqui significa aceitar, conceder, tolerar. Antigas formas de interpretar comportamentos humanos são chamadas para destrinçar situações novas.

O conflito entre a sociologia e a hermenêutica, desenhado por Faoro, poderá atenuar-se, desde que a *interpretação* — assentada sobre a tradição da análise moral — conceda que as paixões, embora ubíquas e recorrentes, são despertadas por estímulos sociais localizados, variáveis através dos tempos. Por sua vez, a leitura sociológica fechada concederá ao hermeneuta o caráter humano, transtemporal, das paixões, mola de todos os comportamentos, preexistente e sobrevivente às contingências que a acionam. Trans-histórico, o desejo não será, porém, a-histórico. O ódio visceral entre irmãos, que fez Caim matar Abel, Rômulo matar Remo, Esaú e Jacó brigarem no ventre da mãe, e José ser vendido, volta nas figuras burguesas de Pedro e Paulo, inimigos antes de nascerem, *ab ovo*, no romance machadiano. A paixão tem mil formas históricas de manifestar-se e mil ocasiões particulares. O moralista escavará o desejo na sua dinâmica existencial, como o fez durante séculos antes de ceder o seu objeto à psicanálise. E o sociólogo se aterá aos condicionantes mais próximos das tramas interpessoais.

Retomando a análise do conto "O espelho", Faoro diz que a "alma exterior" de Jacobina, a sua farda de alferes, o seu lado inequivocamente social, aparece, na voz do narrador, como o vencedor da "alma interior", onde residiria o primeiro "homem" antes de ser dominado pelo interesse de subir na vida e destacar-se dos demais. Para a leitura sociológica determinista, a lição última do conto é a vitória indefectível do papel social que estrutura o *eu*. Para a leitura hermenêutica, "O espelho" lembra, ainda uma vez, a fragilidade da alma, sendo mais um dramático exemplo da precariedade da pessoa humana, *da qual, de todo modo, o personagem-narrador tem plena consciência*. A consciência *a posteriori* de Jacobina é a lâmpada, ao passo que o olhar social lhe deu o espelho. A vaidade arma situações que embaçam literalmente a consciência: pecado original para o olhar jansenista de Pascal (o *moi haïssable* e suas armadilhas), ela é, ao mesmo tempo, a pedra angular do teatro social em que é necessário competir para desempenhar papéis... de preferência os principais.

A primeira e a segunda natureza vivem estreitamente enlaçadas, e a verdade é que ainda estamos longe de compreender as relações mútuas do vital com o psicológico, e de ambos com o social.

Em que medida é possível situar *ideologicamente* este Machado maduro? Temos, em princípio, um narrador especialmente sensível às forças condicionantes da trama psicossocial. Mas trata-se de pressões da sociedade, universalmente falando, como segunda natureza que é, ou só de pressões de uma fase específica da sociedade brasileira? Raymundo Faoro ensaiou uma resposta que, sem barrar entrada à primeira hipótese, concentra-se na idéia de uma sociologia aplicável a períodos de transição na história do capitalismo brasileiro.

Machado de Assis, posto na transição de uma ordem solidária para outra, a contratual, entre a coesão fundamental e a reunião dos interesses, suspeita que, nas veredas entrelaçadas, haja um grande engano, que a todos perde e confunde. Se só a alma exterior ilumina os passos do homem, a troca do verdadeiro pelo falso será um fato, com o abandono dos valores universais — isto é, dos valores tradicionais.[20]

Parece-me que, nessa altura, Max Weber toma a mão de Faoro e lhe repete os princípios opostos de sociedade tradicional e sociedade moderna, o par que o historicismo alemão cristalizou nos termos de *comunidade* e *sociedade*.

Embora haja evidências de um Machado fortemente inclinado ao decoro, à compostura, à "pobreza elegante" e à pureza da linguagem, valores tradicionais, eu não diria que a clivagem *tradicional* versus *moderno* se tingiu na sua obra de conotações marcadas de positivo e negativo, pelo menos no que toca à presença, nele constante, de paixões e interesses observáveis em todos os comportamentos, seja do começo, dos meados ou do fim do século. Os interesses são pontuais, o egoísmo é transversal.

A passagem da velha à nova sociedade teria seus tropeços e ridículos, suas ilusões (o que aparece em algumas crônicas), mas não há nenhum saudosismo arraigado no seu pensamento, pois o moralista clássico encara a História como um agregado de violências e imposturas bem ou mal disfarçadas, não alimentando nostalgias nem utopias. Um exemplo entre tantos: o que é a nomeada, objeto dos cuidados de Brás Cubas e de Rubião? Um nome novo da glória, esta também vã, exacerbação risível da vaidade das vaidades de que fala o Eclesiastes. É claro que os instrumentos da velha glória foram potenciados pelas formas múltiplas da publicidade moderna, "esta dona loureira e senhoril".

Mas ainda aqui dirá o moralista que, se mudaram os modos e os tempos, o fim último é sempre o mesmo, pois sempre a mesma é a motivação do insaciável *eu*. A modernização não melhora, mas tampouco piora, as condutas regidas pela vontade de viver e pela vontade de poder.

Se há em Machado lucidez ao representar o estilo patriarcalista, ocasião de arbítrios como toda relação de favor, nem por isso a sua visão da sociedade será confiante no mundo modernizado do dinheiro fácil, como se depreende de suas palavras de aversão às corridas do Encilhamento. A frase célebre de Guizot, emblema da nova burguesia européia, "Enriquecei-vos", parece-lhe nada menos que sinistra.[21]

As personagens que vencem na vida e que, de algum modo, espelham a sociedade em transição para a hegemonia burguesa não receberão do olhar do narrador uma aura propriamente simpática; será, quando muito, concessiva. Nos romances de juventude, o novo-rico, Procópio Dias, é sórdido (*Iaiá Garcia*); e Camargo, em *Helena*, pai interessado no casamento rico da filha, é pouco menos que vilão. Guiomar e Iaiá, moças de origem humilde ou apenas modesta, sobem de classe por suas manobras de astúcia e determinação, ganhando um tratamento antes justificativo do que elogioso: nelas a segunda natureza, tão imperiosa como a primeira, rege e explica suas ações. Em Iaiá, "se ambição havia, parecia ser de boa raça", avaliação que morde e sopra. Na fase madura, as personagens ricas ou que enriquecem serão detestáveis, ou quase... Nas *Memórias póstumas*, Cotrim é ganancioso e cruel; Lobo Neves é ambicioso, mas supersticioso, e, afinal, em face do possível adultério da mulher, temerá antes a opinião pública do que a verdade de sua vida conjugal. Quanto a Brás Cubas, que conta a sua história depois de morto, não se poupa ao expor a fatuidade e a prática de driblar os escrúpulos de consciência pela vida afora. Brás mente e sabe que os outros também lhe negam a verdade, mas acaba concordando com a conclusão de um velho conhecido seu, Jacó Tavares, para quem "a veracidade absoluta era incompatível com um estado social adiantado"... Assim julga Machado aquela sociedade que começava a "adiantar-se". Virgília, a amante de Brás, não deixaria de dar, o tempo todo, primazia à consideração social, e "era menos escrupulosa que o marido": posto que rica, adulava um velho amigo da família, pois eram vivas "as esperanças que trazia no legado". Falsidade que saberá ser implacável mostrariam Palha e Sofia com o ingênuo Rubião, em *Quincas Borba*: o casal subirá na vida aproveitando-se daquele provinciano desfrutável que abandonarão na sua fase final de loucura e solidão. Em *Dom Casmurro*, Escobar começa pedindo uns dinheiros emprestados à desambiciosa dona Glória, e logo depois enriquecerá graças a seus finos dotes de calculista: "Sou religioso, mas o comércio é a minha paixão". Em *Esaú e Jacó*, Nóbrega, o irmão das almas, adquire bens na base de golpes, e será a sombra má na história de Flora. O banqueiro Santos, pai dos gêmeos, mistura cobiça e desejo de afidalgar-se: "Ganhou muito, e fê-lo perder a outros". Enfim, Tristão, no *Memorial de Aires*, passa de afilhado protegido a moço futuroso, mas a sua carreira deixa no leitor o gosto da ambigüidade: interesseiro ou apenas "político"? Todas as suspeitas, porém, atenuam-se nessa obra crepuscular.

Machado não é saudosista, nem tampouco evolucionista, no sentido que este último termo confere a uma linha que vai do tradicional ao moderno como um processo que iria do pior para o melhor. Na sua ótica, tanto em um regime como no outro podem prevalecer o interesse e o mais feroz egoísmo, dos quais nada há a esperar senão a reprodução da força ou da astúcia, alavancas do comportamento humano. Em contextos diversos, tanto a arcaica matrona dona Antônia, de *Casa velha*, como o moderno casal arrivista, Palha e Sofia, de *Quincas Borba*, lançarão as suas redes de vileza para alcançar os seus fins e manter o seu status. E, quando há uma personagem "a quem repugnava a idéia de rede", como é Estela, em *Iaiá Garcia*, o seu destino será o de uma altiva mas resignada solidão.

Nessa ordem de razões, a posição existencial do Machado maduro em face do "novo liberalismo" (preconizado por tantos dos seus companheiros de geração) será, no mínimo, reticente. Navegar nas águas progressistas de Saldanha Marinho, Quintino Bocaiúva, Tavares Bastos, Nabuco, Rui, Patrocínio e outros seria conceder ao barro humano um crédito de confiança que, a rigor, parecia excessivo ao analista moral. A sociedade mudava de figura, sim, mas sempre enraizada no solo da dominação. Como está dito no conto "Pai contra mãe", *a ordem social e humana nem sempre se alcança sem o grotesco, e alguma vez o cruel*. A afirmação parte do Brasil, mas não se restringe ao Brasil: trata-se da "ordem social", conceito aqui construído por um olhar cético transversal.

Dois exemplos ainda, tomados aos últimos romances, cuja ação transcorre entre fins do Império e o começo da República, tempos de modernização do contexto fluminense:

O que esperar dos jovens Pedro e Paulo, irmãos e inimigos desde a infância, que, já triunfantes na carreira política, juraram, ao pé da mãe agonizante, que viveriam para sempre reconciliados e, no entanto... pouco tempo depois, voltaram ao ódio de sempre?

O que esperar dos jovens garridos e bem-postos na nova sociedade, Tristão e Fidélia, tão amados e servidos pelo casal Aguiar, vistos pelos olhos de Aires no *Memorial*? Que cumpram as leis da Vida e palmilhem a rota da felicidade pessoal, mesmo à custa da solidão dos padrinhos, órfãos às avessas. Será, convenhamos, a mais tênue das desilusões se confrontada, por exemplo, com o destino trágico de Rubião; nem por isso deixará de significar o retorno de antigas e amargas certezas. *Les morts vont vite*, e com eles os velhos: é o que sugere o nosso conselheiro, não por acaso diplomata e aposentado.

Reler *Machado de Assis. A pirâmide e o trapézio* é ser chamado a um diálogo fecundo entre a sociologia e a hermenêutica, a explicação e a compreensão, o quadro e o olhar, o que não desprazeria ao mestre de Raymundo Faoro, aquele Weber que sondou, em toda a sua obra, as intrincadas relações entre o indivíduo e a sociedade.

NOTAS

BRÁS CUBAS EM TRÊS VERSÕES (PP. 7-52)

(1) Augusto Meyer, *Machado de Assis, 1935-1958.* Rio de Janeiro, Livraria São José, 1958, p. 48.

(2) Sérgio Paulo Rouanet, "The Shandean form: Laurence Sterne and Machado de Assis". Manuscrito, 2004. As passagens citadas foram traduzidas pelo autor deste ensaio, A. Bosi. Há versão integral para o português do romance de Sterne, feita por José Paulo Paes: *A vida e as opiniões do Cavalheiro Tristram Shandy.* Rio de Janeiro, Nova Fronteira, 1984.

(3) Entre os estudos elaborados na linha da intertextualidade, lembro *Metáfora e espelho,* de Dirce Cortes Riedel (Rio de Janeiro, Livraria São José, 1969); *Labirinto do espaço romanesco,* de Sonia Brayner (Rio de Janeiro, Civilização Brasileira/MEC, 1979); e *A poética do legado: presença francesa em* Memórias póstumas de Brás Cubas, de Gilberto Pinheiro Passos. São Paulo, Annablume, 1996.

(4) José Guilherme Merquior, "Gênero e estilo das *Memórias póstumas de Brás Cubas". Colóquio/Letras,* nº 8, julho de 1972.

(5) Enylton de Sá Rego, *O calundu e a panacéia. Machado de Assis, a sátira menipéia e a tradição luciânica.* Rio de Janeiro, Forense Universitária, 1989.

(6) Rouanet, op. cit.

(7) Alcides Maya, *Machado de Assis (Algumas notas sobre o "humour").* Rio de Janeiro, Livraria São José, 1912.

(8) Hegel. *Estética. A arte clássica e a arte romântica.* Trad. de Orlando Vitorino. Lisboa, Guimarães Ed., 1972, p. 313.

(9) Augusto Meyer, op. cit., p. 14.

(10) Augusto Meyer, op. cit., p. 13. Susan Sontag, leitora arguta e independ-

dente da fortuna crítica machadiana no Brasil, confirmou essa observação de Augusto Meyer. No ensaio "Memórias póstumas: o caso de Machado de Assis", a ensaísta aponta a diferença de tom que distingue o humor machadiano das brincadeiras do "tagarela" criado por Sterne. Publicado em 1990 como prefácio a uma versão inglesa das *Memórias póstumas*, o texto de Sontag integra a coletânea *Questão de ênfase* (São Paulo, Companhia das Letras, 2005, pp. 47-60).

(11) Id., ib.

(12) Id., p. 15.

(13) Id., p. 16.

(14) Lúcia Miguel Pereira, *Machado de Assis. Estudo crítico e biográfico*. 6ª edição. Belo Horizonte, Itatiaia/São Paulo, Edusp, 1988, p. 195.

(15) Lúcia Miguel Pereira, op. cit., p. 197.

(16) Raymundo Faoro, *Machado de Assis. A pirâmide e o trapézio*. São Paulo, Cia. Ed. Nacional, 1974.

(17) Astrojildo Pereira, *Machado de Assis*. 2ª edição, Belo Horizonte, Oficina de Livros, 1991, p. 93. ["Romancista do Segundo Reinado" traz a data de abril de 1939].

(18) Raymundo Faoro, op. cit..

(19) Raymundo Faoro, id.

(20) Id. Ver John Gledson, *Machado de Assis: ficção e história*. Rio de Janeiro, Paz e Terra, 1986; Sidney Chalhoub, *Machado de Assis historiador*. São Paulo, Companhia das Letras, 2003; A. Bosi, *O teatro político nas crônicas de Machado de Assis*, incluído neste volume.

(21) Roberto Schwarz, *Ao vencedor as batatas*. São Paulo, Duas Cidades, 1977.

(22) Roberto Schwarz, *Um mestre na periferia do capitalismo*. São Paulo, Duas Cidades, 1990, p. 35. O ensaio citado de Antonio Candido, "Dialética da malandragem", foi publicado inicialmente na *Revista do Instituto de Estudos Brasileiros*, nº 8, São Paulo, USP, 1970. Sobre o caráter relativo e parcial da "redução estrutural" que Candido aplicou às *Memórias de um sargento de milícias*, contrabalançando-a com a entrada de fatores arquetípicos e axiológicos (a figura do *trickster* e a visão valorativa do "mundo sem culpa"), reporto-me às observações que fiz em "Por um historicismo renovado: reflexo e reflexão em história literária" (*em Literatura e resistência*, São Paulo, Companhia das Letras, 2002, pp. 51-2).

(23) Max Weber reformulou em diversas passagens da sua obra o conceito de tipo ideal. Talvez a mais penetrante seja a que fixou no ensaio notável "A 'objetividade' do conhecimento na ciência social e na ciência política", que integra a sua *Metodologia das ciências sociais* (São Paulo, Cortez/Unicamp, 2001, pp. 107-54).

(24) A tese das "idéias fora de lugar", proposta por Schwarz em *Ao vencedor as batatas* (São Paulo, Duas Cidades, 1977), não parece compatível com a função

histórica de cimento ideológico exercida tanto pelo velho liberalismo excludente como pelo "novo liberalismo" democrático que animou a campanha abolicionista. Cada uma dessas vertentes — formuladas inicialmente na Europa — desempenhou papel central na vida política do Brasil Império, e cada uma ocupou, no seu tempo, o seu lugar. Suponho que não seja outra a tese geral de Marx e Engels, que, na *Ideologia alemã*, vinculam fortemente a ideologia ao "processo de desenvolvimento real" e à práxis vivida pelas classes dominantes.

O liberalismo oligárquico foi a ideologia adequada à classe dominante da nação fundada no liberismo da economia exportadora e na representação parlamentar censitária. Trata-se do modelo adotado nas formações socioeconômicas de plantagem, não sendo exclusivamente brasileiro. A sua coerência provém da lógica de ferro dos interesses em jogo: o proprietismo inibia em toda parte a realização da igualdade social, o que vale para todo o século XIX (e não só...). O liberalismo valeu-se do trabalho compulsório nas Antilhas francesas sancionado pelos parlamentos da metrópole até a Revolução de 1848, meio século depois da Declaração dos Direitos do Homem. Indenizando os senhores de escravos, a Segunda República francesa reconhecia, na prática, o direito de propriedade do homem sobre o homem. Quanto a Portugal, só concedeu abolição definitiva a seus escravos nas colônias africanas em 1874. Em Cuba, o escravismo do açúcar foi mantido pelas *cortes liberales* de Madri até o último quartel do século XIX. Uma combinação similar, dita peculiar, foi defendida com argumentos liberal-proprietistas e com armas de fogo pelos senhores do algodão no Sul dos Estados Unidos, que resistiram às leis abolicionistas até a Guerra de Secessão (1865). As cátedras de economia política aí não se pejavam de ensinar que a escravidão era e deveria continuar a ser a pedra angular da sociedade sulista. Liberais e oligárquicos foram os Estados andinos que oprimiram barbaramente os camponeses de origem indígena ao longo do século XIX. O liberalismo em todo o Ocidente opunha-se sistematicamente ao igualitarismo.

Alimentada pelo tráfico recrudescente e pelo trabalho compulsório, a práxis liberal ignorou ou abafou quaisquer escrúpulos éticos e explorou quanto pôde a fonte maior dos seus lucros. "A propriedade" — dizem Marx e Engels, citando "os economistas modernos" — "é o poder de dispor da força de trabalho dos outros." Se disparate houve, do ponto de vista da abstrata doutrina, pode-se dizer que, na prática (que é a maquiavélica "verità effettuale della cosa"), a simbiose de exploração feroz do trabalho e liberalismo formal foi norma em todo o Ocidente pós-1789. As constituições liberais sancionaram as investidas do mercado. Esse é o pano de fundo, o contexto das *Memórias póstumas*. O Brasil de Brás não girava fora da órbita de um Ocidente assumidamente antidemocrático. Era o Brasil de Cairu e seria o Brasil dos regressistas, que juntavam o liberismo comercial ao reacionarismo político. "Senhores, digamo-lo, porque é verdade, nas épocas em que entravam anualmente 50, 60 mil africanos, em que especulações para a África eram feitas na maior escala, muita gente houve mais ou menos diretamente comprometida no tráfico. Qual dentre nós não teve relações com um ou outro envolvido no tráfico em épocas em que não era estigmatizado pela opinião?" (discurso do ministro dos Negócios Estrangeiros, Paulino José Soares de Sousa, à Câmara dos Deputados, em 4 de junho de 1852, em *Visconde do Uruguai*, org. e introd. de José Murilo de Carvalho, São Paulo, Ed. 34, 2002, p. 602).

A partir da abolição do tráfico, em 1850, condições objetivas facultaram a emergência do "novo liberalismo", cuja função foi eminentemente crítica. É o que se depreende das crônicas do jovem Machado escritas na década de 1860. O observador político secundava uma corrente ideológica que tinha como corifeus os seus companheiros de imprensa, Quintino Bocaiúva, futuro prócer republicano, e Saldanha Marinho, jacobino e maçom. Na poesia começa a predominar a oratória condoreira, e a nova ideologia encontra na retórica de Victor Hugo o seu perfeito modelo. Nos decênios de 1870 e 80, Joaquim Nabuco — na trilha aberta por Tavares Bastos —, André Rebouças e Rui Barbosa, entre outros, aprofundam o veio progressista do liberalismo à inglesa, ideologia que fundamenta a campanha abolicionista que Machado acompanharia simpática e discretamente. As resistências do proprietismo liberal vieram dos senhores do açúcar fluminense e dos cafeicultores paulistas, que votaram em 1871 contra a Lei do Ventre Livre. Valeria então o quadro "liberais contra liberais", combate travado nos libelos de dois grandes mulatos abolicionistas, Luís Gama e José do Patrocínio. Não há traços desse liberalismo nas personagens das *Memórias póstumas*: Brás Cubas, sua família, seus amigos, seus conhecidos, ricos e pobres, senhores, escravos e agregados vivem no clima do mais pesado conservadorismo corrente na primeira metade do século XIX. Brás nasce em 1805, no Brasil ainda colonial, chega à maturidade em plena vigência do Regressismo e começa a fazer política na década de 1840: é o tempo saquarema, auge do tráfico negreiro aceito e defendido praticamente por todas as classes nesse começo do Segundo Reinado.

A chamada norma burguesa, sobrestimada por Schwarz, afetava-os tanto quanto os Princípios de Paz Universal da ONU influem nas decisões dos governos belicistas neste século XXI, de resto plenamente respaldadas por centenas de milhões de cidadãos liberais pós-modernos. Ou, para não sair do contexto da época, a classe proprietária dos tempos de Brás reagia à Declaração dos Direitos do Homem da Revolução Francesa com a mesma indiferença que inibia e congelava os parlamentares franceses ao longo dos anos da Restauração e da monarquia liberal de Luís Filipe quando o tema era a abolição do trabalho escravo. Opondo-se a qualquer reforma do Código Negro, dizia Charles Dupin, na Câmara dos Pares, em abril de

1845: "Continuemos a respeitar, a favorecer a boa ordem, a economia e a sensatez da vida entre os trabalhadores negros como fazemos na França entre os trabalhadores brancos" (*Le moniteur universel*, de 5 de abril de 1845, cit. por R. Castel, *As metamorfoses da questão social*. Petrópolis, Vozes, 1998, p. 343). Cotrim, o cunhado escravista de Brás, concordaria prazeroso com essas palavras ditas por um deputado liberal d'além mar. Cá e lá... haveria sempre matéria para chorar e rir dos desconcertos do mundo.

O estudo em profundidade das tensões públicas do Segundo Reinado é indispensável para entender o lugar das duas vertentes liberais. Os sinais da passagem do velho para o novo liberalismo, no que toca à escravidão, foram bem registrados por Nabuco em *Um estadista do Império*, Livro IV, cap. IV, e Livro V, cap. II. Uma cultura reformista conseguia abrir caminho ao longo do decênio de 60. V. também Joaquim Nabuco, *O abolicionismo*, 4ª edição, Petrópolis, Vozes, 1977 (a primeira edição é de 1883); Rui Barbosa, *Emancipação dos escravos*, Rio de Janeiro, Typographia Nacional, 1884; Wanderley Guilherme dos Santos, *Ordem burguesa e liberalismo político*, São Paulo, Duas Cidades, 1978; Ilmar R. de Mattos, *O tempo saquarema*, São Paulo, Hucitec, 1987. Sobre as relações estruturais do capitalismo liberal europeu com as economias escravistas ou servis do século XIX, v. Rosa Luxemburg, *A acumulação do capital* [1912], São Paulo, Nova Cultural, 1985, cap. 26.

(25) Hegel, *Enciclopédia das ciências filosóficas* (1830). I. A ciência da lógica. São Paulo, Ed. Loyola, 1995, § 32. Hegel conclui o parágrafo: "A luta da razão consiste em sobrepujar o que o entendimento fixou". Para o pensador da dialética, o entendimento limita-se a colher representações finitas, isoladas, exteriores umas às outras e, em razão dos seus próprios limites, unilaterais. O indivíduo concreto, denso (em nosso caso, a figura do narrador Brás Cubas), resulta da relação entre perfis diferenciados: o defunto autor, que se exprime na "forma livre"; o tipo social, de que o rentista é exemplo particular; e o homem subterrâneo, espectador de si mesmo ou auto-analista, que dá o seu timbre à voz do humorista.

O TEATRO POLÍTICO NAS CRÔNICAS DE MACHADO DE ASSIS (PP. 53-103)

Observação geral – As passagens das crônicas citadas foram transcritas das seguintes fontes:

Machado de Assis, Obra Completa, org. por Afrânio Coutinho. Rio de Janeiro, Aguilar, 1971.

Machado de Assis, Bons dias! Introdução e notas de John Gledson. São Paulo, Hucitec, 1990.

Machado de Assis, *Balas de estalo*, org. por Heloísa Helena Paiva de Luca. São Paulo, Annablume, 1998.

(1) Raymundo Faoro, *Machado de Assis. A pirâmide e o trapézio*. São Paulo, Cia. Ed. Nacional, 1974, pp. 495-505.

(2) Brito Broca, *Machado de Assis e a política*. São Paulo, Polis/Rio de Janeiro, INL, 1983.

(3) *Machado de Assis e a política*, cit., p. 187. A numeração indicada por Brito Broca remete à edição das crônicas feitas pela editora. W. M. Jackson, Rio de Janeiro, 1937.

(4) A exceção notória, variamente interpretada pela história econômica, é a legislação abolicionista; lenta, embora, no Brasil e em todo o Ocidente, sempre abriu caminho para a passagem do velho ao novo liberalismo. Leia-se, a propósito, o estudo de Sidney Chalhoub, *Machado de Assis historiador* (Companhia das Letras, 2003), que revela as reações de Machado funcionário e Machado cronista às manobras que tendiam a amortecer os efeitos liberadores da Lei de 28 de setembro de 1871. A resistência dos senhores e o seu poder de emperrar as iniciativas do Estado liberal foram moeda corrente em todas as formações sociais assentadas no sistema de plantagem: no Brasil, nas colônias afro-portuguesas, nas Antilhas francesas e espanholas e, belicamente, nos Estados Unidos. A legislação emancipadora tardou a concretizar-se entre nós, mas tampouco foi veloz o seu ritmo nas câmaras legislativas francesa, espanhola e portuguesa, onde a abolição foi acompanhada de indenização aos proprietários. Cá e lá... O velho liberalismo (europeu e brasileiro) valeu-se do trabalho escravo quando e quanto pôde; e nas colônias européias a legislação, emanada das câmaras metropolitanas, favoreceu os proprietários até mesmo quando estes foram obrigados a se desfazer dos cativos. A partir da Restauração o liberalismo excludente encontrou e ocupou o seu lugar na Europa Ocidental e nas Américas.

(5) Machado traduziu o poema "Os deuses da Grécia", de Schiller, de que transcrevo a penúltima estrofe:

"Foram-se os numes, foram-se, levaram
Consigo o belo, e o grande, e as vivas cores,
Tudo o que outrora a vida alimentava,
Tudo o que é hoje extinto."

(6) Por que então a infância histórica da humanidade, naquilo precisamente em que atingiu o seu mais belo florescimento, por que esse estágio de desenvolvimento para sempre perdido não há de exercer um eterno encanto?" (Marx, *Contribuição para a crítica da economia política*. Lisboa, Estampa, 1974, p. 240).

(7) A crônica de 7 de julho de 1878 traz estas palavras de aversão ao enrique-

cimento rápido: "Isto de notas falsas, libras falsas e letras falsas, creio que tudo vai entroncar-se numa palavra de Guizot: Enriquecei! palavra sinistra, se não é acompanhada de alguma coisa que a tempere. Enriquecer é bom; mas há de ser a passo de boi, quando muito a passo de carroça d'água".

(8) Hegel, *Esthétique*. Paris, Aubier, 1944, I, 231.

(9) Em *Cidadania no Brasil. O longo caminho* (Civilização Brasileira, 2001), José Murilo de Carvalho relativiza o teor elitista da eleição censitária argumentando que "a maioria da população trabalhadora ganhava mais de 100 mil-réis por ano". Comparado com o que ocorria com sistemas de outras nações, o nosso processo eleitoral não lhe parece menos liberal: "As exigências de renda na Inglaterra, na época, eram muito mais altas, mesmo depois da reforma de 1832. A lei brasileira permitia ainda que os analfabetos votassem". Adiante, confronta os nossos percentuais com os de Estados europeus já avançados na prática do liberalismo formal . No Brasil de 1872 votavam 13% da população livre; na Inglaterra, 7%; na Itália, 2%; em Portugal, 9%; na Holanda, 2,5% (pp. 30-1). Mas o mesmo historiador mostra que o caráter antidemocrático do sistema não estava tanto no número dos votantes quanto nas práticas de cooptação, fraude e violência que marcavam a maioria das eleições.

Em seu denso estudo sobre a história do sufrágio universal na França, Pierre Rosanvallon chama "draconianas" as condições de elegibilidade da Carta da restauração de 1814, fruto do liberalismo pós e anti-revolucionário (*Le sacre du citoyen*, Gallimard, 1992, p. 271). Os liberais eram rigorosamente excludentes sempre que se tratava de escolher os detentores do poder de legislar. Guizot, teórico do liberalismo conservador francês e modelo arquicitado de nossas elites imperiais, dissera sem rebuços: "Em matéria de liberdade, há direitos universais, direitos iguais; em matéria de governo, não há senão direitos especiais, limitados, desiguais (Discurso à Câmara de 5 de outubro de 1831, apud Rosanvallon, cit., p. 325). Na França e no Brasil aplicou-se coerentemente essa doutrina limitando o número dos votantes e dos eleitores. Temos dados seguros para a França de 1831: 90% dos 200 mil eleitores deviam o direito de voto à sua propriedade rural (ib., p. 318).

(10) Lúcia Miguel Pereira, *Machado de Assis. Estudo crítico e biográfico*, 6ª edição. Belo Horizonte, Itatiaia/São Paulo, Edusp, 1988, p. 192.

(11) Eugênio Gomes, *Machado de Assis*. Rio de Janeiro, Livraria São José, 1958, p. 65.

(12) Sobre as reações do cronista à revolta da esquadra, leia-se o que escreveu para *A Semana*, em 18 de março de 1894. Recusando o convite de subir a um dos morros do Rio para ver de longe e sem risco a batalha que estava por travar-se no dia 13, prefere ficar em casa lendo a *Ilíada*. "A história, por mais animada que fosse, não sei se me daria a própria sensação da cousa. A poesia era melhor; Homero, por exemplo, com a *Ilíada*." No final da tarde, vieram dizer ao cronista que não hou-

vera a batalha anunciada, mas, rematou ele, "eu prefiro crer em Homero, que é mais velho".

O distanciamento pode fazer-se ora no tempo, ora no espaço; exemplo deste último vem na crônica de 25 de novembro de 1894, que trata de uma discussão entre positivistas e antipositivistas a respeito de uma bandeira que os primeiros hastearam no Conselho Municipal, e que os segundos repeliram. O cronista se pergunta: "Mas que pensa de tudo isso um habitante do planeta Marte, que está espiando cá para baixo com grandes olhos irônicos?". Como em tantas outras vezes, o quadro está perto, mas o olhar quer postar-se longe, muito longe: os grandes olhos irônicos protegem o observador dos riscos da proximidade; no caso, impedem qualquer tipo de envolvimento ideológico, positivista ou antipositivista.

(13) Refiro-me à obra de Zacarias de Góis e Vasconcelos, *Da natureza e limites do Poder Moderador*, cuja primeira edição saiu em 1860. Ver o ensaio de Cecília Helena de Salles Oliveira, *Zacarias de Góis e Vasconcelos*, São Paulo, Editora 34, 2002.

(14) Ver Raul Pompéia, *Escritos políticos*, vol. V das *Obras* (org. por Afrânio Coutinho, Civilização Brasileira, 1982, pp. 80-5, 91, 95 e 102-4). A carta-prefácio às *Festas nacionais* de Rodrigo Otávio vem transcrita no mesmo volume, pp. 287-99.

(15) A fonte do texto é uma passagem de Spencer, citada na crônica de 6 de novembro de 1892. Sintomaticamente, o cronista omite o contexto progressista do filósofo da evolução e se atém à idéia de que as leis nada podem se não se adaptam às "condições morais e mentais da sociedade".

(16) A crônica de 1º de julho de 1885 diz o mesmo ao desculpar o atraso com que a Câmara votava propostas tidas por urgentes: "Assim como um governo sem eqüidade só se pode manter em um povo igualmente sem eqüidade (segundo um mestre), assim também um parlamento remisso só pode medrar em uma sociedade remissa. Não vamos crer que todos nós, exceto os legisladores, fazemos tudo a tempo. Que diria o sol, que nos deu a rede e o fatalismo?". Ou seja: a atividade política reproduz organicamente o que somos; o que fazer?

RAYMUNDO FAORO LEITOR DE MACHADO (PP. 104-30)

(1) Raymundo Faoro, *Os donos do poder. Formação do patronato político brasileiro*, 5ª edição, vol. I. Porto Alegre, Ed. Globo, 1979, p. 47.

(2) Cf. a excelente introdução que Gabriel Cohn escreveu para a coletânea *Max Weber*, 2ª edição, São Paulo, Ática, 1982.

(3) Um estudo das práticas eleitorais do Segundo Reinado, que traz novos

dados para entender o processo no seu conjunto, encontra-se em José Murilo de Carvalho, *A construção da ordem* e *Teatro de sombras*, 3ª edição, Rio de Janeiro, Civilização Brasileira, 2003, pp. 393-416.

(4) A distinção fundamental entre liberalismo e democracia, vigente na Europa pós-revolucionária, foi aprofundada na obra clássica de Harold J. Laski, *O liberalismo europeu*, trad. de Álvaro Cabral, São Paulo, Mestre Jou, 1973. Para Laski, o núcleo duro do liberalismo é a sacralidade da propriedade privada, que não guarda nenhuma relação estrutural com o igualitarismo. "O escravo (é observação de Nabuco) ainda é uma propriedade como qualquer outra, da qual o senhor dispõe como de um cavalo ou de um móvel" (em *O abolicionismo*, cit.). A oposição entre liberalismo econômico e ideais democráticos já estava explícita nas palavras do visconde de Cairu contra Rousseau ditas na Constituinte de 1823. "Absolutamente nenhum governo pode tolerar que em quaisquer aulas se ensinem, por exemplo, as doutrinas do contrato social do sofista de Genebra" (cit. por José Murilo de Carvalho, *A construção da ordem: a elite política imperial*, cit., p. 85).

(5) A tese de que as ideologias correntes ao longo da nossa história política não corresponderiam à "realidade brasileira" conheceu pelo menos dois discursos diferenciados:

a) Em pleno século XIX, por ocasião do debate em torno da Lei do Ventre Livre, o marquês de Olinda, na esteira do Regressismo de Bernardo Pereira de Vasconcelos e do visconde do Uruguai (criador do nosso direito administrativo), defendia o regime escravista e o centralismo por lhe parecerem mais consentâneos com a nossa economia e a nossa estrutura política. A sua recusa das propostas abolicionistas inicialmente formuladas na Europa ("Para cá não servem suas idéias") é exemplo do conservadorismo que rejeitava *a priori* qualquer mudança em nome de uma especificidade ideológica nacional. Se veio de lá, não pode servir cá. A mesma síndrome nativista e reacionária animou as invectivas de José de Alencar contra o projeto de libertação dos nascituros. De modo geral, a combinação de xenofobia e autoritarismo tende a considerar impertinentes e disparatadas as idéias estrangeiras, sobretudo as reformistas. Assim, o ideário integralista defendeu, no final dos anos de 1920, um brasileirismo extremado de idéias e valores, separando suas águas do modernismo a que se juntara episodicamente. (V. Antonio Arnoni Prado, *1922: Itinerário de uma falsa vanguarda*, Brasiliense, 1983.) Nos anos de 1930, uma corrente nacionalista e autoritária, representada por ideólogos que secundaram o Estado Novo, como Azevedo Amaral e Oliveira Viana, contestou o caráter "idealista" e deslocado dos princípios liberais presentes na Constituição republicana de 1891.

Entre os intérpretes da história das ideologias no Brasil há estudiosos que, sem o viés ideológico dos nacionalistas citados, defendem a hipótese de que as idéias difundidas por culturas européias, como o liberalismo inglês ou francês e o positivismo francês, estariam deslocadas, não se ajustando a uma sociedade "de periferia", defasada com o ritmo do centro. Seriam imitações artificiais. É o "transoceanismo", termo atribuído a Capistrano de Abreu. É a afirmação de que "somos desterrados em nossa própria terra", que percorre *Raízes do Brasil*, de Sérgio Buarque de Holanda, amparando a suposição de que os ideólogos brasileiros preferem abstrações ao corpo-a-corpo com o cotidiano. Enfim, é a expressão "idéias fora do lugar", cunhada pelo crítico literário Roberto Schwarz no seu notável estudo sobre Machado de Assis (*Ao vencedor as batatas*, Duas Cidades, 1977), que leva às últimas conseqüências a tese da impropriedade de uma ideologia de origem européia (o liberalismo) em relação a um componente básico da estrutura econômica brasileira (o escravismo).

b) Em outros intérpretes encontramos argumentação contrária às teses mencionadas. Paulo Mercadante vê na simbiose liberalismo-escravidão um uso coerente do liberalismo ocidental (que foi, sem exceção, excludente) em função dos interesses dos fundadores do Estado-Nação brasileiro (*A consciência conservadora no Brasil*, 3ª edição, Nova Fronteira, 1980). Articula-se, nessa obra, uma refutação da hipótese do artificialismo das ideologias ocidentais quando aplicadas à nossa política. Maria Sylvia Carvalho Franco, em estudos de alto rigor conceitual, busca provar a unidade estrutural da economia de mercado aquém e além-Atlântico, que se afirma apesar do caráter incompleto do capitalismo brasileiro ainda apoiado no trabalho compulsório (*Homens livres na ordem escravocrata*, USP, Instituto de Estudos Brasileiros, 1969). Maria Sylvia polemiza com a expressão "idéias fora do lugar" no seu texto "As idéias estão no lugar" (em *Cadernos de Debate*, I, Brasiliense, 1976): a produção ideológica do liberalismo estava enraizada no sistema capitalista mundial, que a constituía internamente, a partir de cada situação particular. Em toda parte, o liberalismo cimenta e racionaliza os interesses da burguesia dominante, aceitando na sua dinâmica a escravidão e o favor. Do estudo clássico de Jacob Gorender, *O escravismo colonial* (Ática, 1978), depreende-se que a classe dominante no Império não poderia deixar de aderir ao liberalismo, enquanto ideologia arraigadamente proprietista. Para o produtor de açúcar ou de café e para o mercador de escravos, o liberalismo servia, em primeiro lugar, como justificação do livre mercado. Recentemente, Gorender voltou ao tema contestando a atribuição de "exterioridade" ao liberalismo em nosso regime oligárquico: as idéias liberais "estavam no lugar apropriado, reproduziram o que seus defensores pretendiam" (*Estudos Avançados*, nº 46, dezembro de 2002).

O ensaísta Sérgio Paulo Rouanet formulou uma crítica radical das várias formas de autonomismo ideológico, na medida em que este pretende negar a pertinência de idéias e ideais cujas primeiras formulações tenham sido concebidas fora das fronteiras nacionais ("Elogio do incesto", em *Mal-estar na modernidade*, 2ª ed.,

Companhia das Letras, 2003). Para entender as vinculações estruturais entre o sistema escravista e a construção do Estado nacional na fase áurea do liberismo econômico, leia-se o texto incisivo de Luiz Felipe de Alencastro "L'empire du Brésil" em *Le concept d'empire* (org. por M. Duverger), Paris, PUF, 1980. Reconhecendo a função modeladora das ideologias européias e ao mesmo tempo o pragmatismo do seu uso pelos políticos do Império, Guerreiro Ramos (*Administração e estratégia do desenvolvimento*, Fundação Getúlio Vargas, 1966) e José Murilo de Carvalho (*Teatro de sombras*, cit.) deram contribuições inovadoras à questão do lugar das idéias liberais em nossa vida pública. Fundamental, pela acuidade de suas análises, continua sendo o ensaio de Wanderley Guilherme dos Santos, "A práxis liberal no Brasil", em *Ordem burguesa e liberalismo político*, Duas Cidades, 1978: para o autor, o liberalismo oligárquico, escorado na eleição censitária e na permanência do trabalho escravo, acabou sendo a alternativa viável de que dispunham os fundadores do novo Estado-Nação como sucedâneo do regime colonial. Este não seria, de resto, o único exemplo do uso perverso da "racionalidade" liberal-capitalista.

De minha parte, elaborei uma crítica ao caráter generalizante das hipóteses de "deslocamento" e "exterioridade" do liberalismo no Brasil. Trata-se de juízos equivocados enquanto confundem idéias liberais com igualitarismo e democracia, ignorando a funcionalidade das normas liberal-proprietistas na construção do *corpus* jurídico e político do Império ("A escravidão entre dois liberalismos", em *Dialética da colonização*, Companhia das Letras, 1992). Só quando a geração reformista pós-1868 desbloqueou o velho liberalismo, dissociando-o do direito incondicional de propriedade, é que houve condições culturais para que emergisse o militante liberal-democrata e o liberal-abolicionista, que ocuparam a cena nos anos de 70 e 80. (São figuras que, sintomaticamente, não comparecem no romance de Machado de Assis.) Parece-me que o conceito de filtragem ideológica dá conta das várias modalidades de utilização das correntes ocidentais, hipótese que procurei testar no estudo do liberalismo excludente, do liberalismo democrático e do positivismo social.

Vale, enfim, registrar que todas as ideologias professadas entre nós no século XX filtraram idéias nascidas na Europa, de onde vieram os discursos integralistas, fascistas, socialistas, anarquistas, comunistas, cristãos-de-esquerda, revisionistas etc. As doutrinas de esquerda sempre foram tachadas de "exógenas" e "impróprias" pelos ideólogos conservadores.

(6) Sobre a presença do liberalismo conciliador francês de Benjamin Constant na elaboração da Carta de 1824, ver Paulo Mercadante, *A consciência conservadora no Brasil*, cit., caps. III e IV. A figura do cidadão-proprietário, o único a quem se conferia o direito de eleger e ser eleito, é chave no discurso político de Constant e no liberalismo da Restauração, cujas expressões passaram literalmente para a nossa

Carta Magna. Benjamin Constant é explícito: "Só a propriedade torna os homens capazes do exercício dos direitos políticos". Quanto à "classe trabalhadora", não teria condições de tempo "indispensáveis à aquisição das luzes, à retidão do julgamento" (Principes de politique applicables à tous les gouvernements représentatifs et particulièrement à la Constitution de la France (1815), em *Écrits politiques*, Paris, Gallimard, 1997). Soube, por informação da infatigável pesquisadora Cecília Helena de Salles Oliveira, que há cartas de Benjamin Constant a dom Pedro I cuja leitura provavelmente trará mais luzes sobre a influência do pensador suíço-francês em nosso liberalismo excludente.

(7) Joaquim Nabuco, *Um estadista do Império*, 2ª edição, Rio de Janeiro, Nova Aguilar, 1975.

(8) Joaquim Nabuco, *O abolicionismo*, 4ª edição, Petrópolis, Vozes, 1977, p. 133. (A primeira edição saiu em Londres, em 1883.)

(9) Rui Barbosa, *Emancipação dos escravos*. Rio de Janeiro, Tipografia Nacional, 1884.

(10) Sérgio Buarque de Holanda, *Do Império à República*, 4ª edição, São Paulo, Difel, 1995, pp. 195-238.

(11) *Os donos do poder*, cit., II, p. 453.

(12) *Os donos do poder*, ib.

(13) *Machado de Assis. A pirâmide e o trapézio*. São Paulo, Cia. Ed. Nacional, 1974, p. 492.

(14) As considerações de Faoro coincidem com as observações analíticas de Richard Graham em *Grã-Bretanha e o início da modernização no Brasil*. São Paulo, Brasiliense, 1973.

(15) Machado de Assis, op cit., p. 485.

(16) Machado de Assis, op cit., p. 486.

(17) Op. cit., p. 487.

(18) As aspas remetem a uma citação da obra de Hugo Friedrich sobre Montaigne. Op. cit., p. 496.

(19) Op. cit., p. 496.

(20) Op. cit., p. 499.

(21) Trata-se de uma crônica datada de 7 de julho de 1878 (em *Obra completa*. Rio de Janeiro, Aguilar, 1973, vol. III, p. 386). Fiz alguns comentários sobre o tema em "O teatro político nas crônicas de Machado de Assis", incluído neste volume.

SOBRE O AUTOR

Alfredo Bosi nasceu em São Paulo, em 1936, filho de Teresa Meli, salernitana, e Alfredo Bosi, paulista de raízes toscanas e vênetas. É casado com Ecléa Bosi, com quem tem dois filhos.

Cursou Letras Neolatinas na Faculdade de Filosofia, Letras e Ciências Humanas da Universidade de São Paulo. Estudou filosofia da Renascença e Estética na Facoltà di Lettere de Florença. Lecionou Literatura Italiana na USP, onde defendeu doutoramento sobre a narrativa de Pirandello e livre-docência sobre poesia e mito em Leopardi.

Voltando-se para os estudos brasileiros, passou, desde 1971, a integrar a área de Literatura Brasileira da USP, onde é professor titular. Foi professor convidado na École des Hautes Études en Sciences Sociales, de 1996 a 1999, e diretor do Instituto de Estudos Avançados entre 1997 e 2001. Atualmente é editor da revista *Estudos Avançados* e presidente da Comissão de Ética da USP.

É autor de *O pré-modernismo* (Cultrix, 1966); *História concisa da literatura brasileira* (Cultrix, 1970 — 43ª ed., 2006; México, Fondo de Cultura Económica, 1983 — 2ª ed., 2001); *O conto brasileiro contemporâneo* (Cultrix, 1975 — 14ª ed., 2002); "As letras na Primeira República" em *O Brasil republicano* (Difel, 1977); *O ser e o tempo da poesia* (Cultrix, 1977; Companhia das Letras, 2000; Prêmio Associação Paulista dos Críticos de Arte 1978); *Reflexões sobre a arte* (Ática, 1985 — 7ª ed., 2002); *Céu, inferno* (Ática, 1988); *Dialética da colonização* (Companhia das Letras, 1992 — 4ª ed., com posfácio, 2001; Paris, L'Harmattan, 2000; Salamanca, Ed. Universidad de Salamanca, 2005); "O tempo e os tempos" em *Tempo e história* (Companhia das Letras, 1992); *Leitura de poesia* (org. e apres., Ática, 1996); *Machado de Assis. O enigma do olhar* (Ática, 1999); *Literatura e resistência* (Companhia das Letras, 2002); *Machado de Assis* (Publifolha, 2003).

ESTA OBRA FOI COMPOSTA PELA SPRESS EM AGARAMOND E IMPRESSA EM
OFSETE PELA GRÁFICA BARTIRA SOBRE PAPEL PÓLEN BOLD DA
SUZANO BAHIA SUL PARA A EDITORA SCHWARCZ EM JUNHO DE 2006